U0477912

杭州优秀传统文化丛书
Hangzhou Youxiu Chuantong Wenhua Congshu

城门次第开

考拉看看 编著

孙晓雪 严青青 执笔

杭州出版社

图书在版编目（CIP）数据

城门次第开 / 考拉看看编著；孙晓雪，严青青执笔. —— 杭州：杭州出版社，2022.8
（杭州优秀传统文化丛书）
ISBN 978-7-5565-1693-3

Ⅰ. ①城… Ⅱ. ①考… ②孙… ③严… Ⅲ. ①名胜古迹—介绍—杭州 Ⅳ. ① K928.705.51

中国版本图书馆 CIP 数据核字（2022）第 004349 号

Chengmen Cidi Kai

城门次第开

考拉看看 / 编著　孙晓雪　严青青 / 执笔

责任编辑	王　凯
装帧设计	李轶军　祁睿一
美术编辑	祁睿一
责任校对	魏红艳
责任印务	屈　皓
出版发行	杭州出版社（杭州市西湖文化广场32号6楼）
	电话：0571-87997719　邮编：310014
	网址：www.hzcbs.com
排　版	浙江时代出版服务有限公司
印　刷	天津画中画印刷有限公司
经　销	新华书店
开　本	710 mm × 1000 mm　1/16
印　张	14
字　数	175千
版 印 次	2022年8月第1版　2022年8月第1次印刷
书　号	ISBN 978-7-5565-1693-3
定　价	58.00元

（版权所有　侵权必究）

序　言

文化是城市最高和最终的价值

我们所居住的城市，不仅是人类文明的成果，也是人们日常生活的家园。各个时期的文化遗产像一部部史书，记录着城市的沧桑岁月。唯有保留下这些具有特殊意义的文化遗产，才能使我们今后的文化创造具有不间断的基础支撑，也才能使我们今天和未来的生活更美好。

对于中华文明的认知，我们还处在一个不断提升认识的过程中。

过去，人们把中华文化理解成"黄河文化""黄土地文化"。随着考古新发现和学界对中华文明起源研究的深入，人们发现，除了黄河文化之外，长江文化也是中华文化的重要源头。杭州是中国七大古都之一，也是七大古都中最南方的历史文化名城。杭州历时四年，出版一套"杭州优秀传统文化丛书"，挖掘和传播位于长江流域、中国最南方的古都文化经典，这是弘扬中华优秀传统文化的善举。通过图书这一载体，人们能够静静地品味古代流传下来的丰富文化，完善自己对山水、遗迹、书画、辞章、工艺、风俗、名人等文化类型的认知。读过相关的书后，再走进博物馆或观赏文化景观，看到的历史遗存，将是另一番面貌。

过去一直有人在质疑，中国只有三千年文明，何谈五千年文明史？事实上，我们的考古学家和历史学者一直在努力，不断发掘的有如满天星斗般的考古成果，实证了五千年文明。从东北的辽河流域到黄河、长江流域，特别是杭州良渚古城遗址以距今5300—4300年的历史，以夯土高台、合围城墙以及规模宏大的水利工程等史前遗迹的发现，系统实证了古国的概念和文明的诞生，使世人确信：这里是古代国家的起源，是重要的文明发祥地。我以前从来不发微博，发的第一篇微博，就是关于良渚古城遗址的内容，喜获很高的关注度。

我一直关注各地对文化遗产的保护情况。第一次去良渚遗址时，当时正在开展考古遗址保护规划的制订，遇到的最大难题是遗址区域内有很多乡镇企业和临时建筑，环境保护问题十分突出。后来再去良渚遗址，让我感到一次次震撼：那些"压"在遗址上面的单位和建筑物相继被迁移和清理，良渚遗址成为一座国家级考古遗址公园，成为让参观者流连忘返的地方，把深埋在地下的考古遗址用生动形象的"语言"展示出来，成为让普通观众能够看懂、让青少年学生也能喜欢上的中华文明圣地。当年杭州提出西湖申报世界文化遗产时，我认为这是一项需要付出极大努力才能完成的任务。西湖位于蓬勃发展的大城市核心区域，西湖的特色是"三面云山一面城"，三面云山内不能出现任何侵害西湖文化景观的新建筑，做得到吗？十年申遗路，杭州市付出了极大的努力，今天无论是漫步苏堤、白堤，还是荡舟西湖里，都看不到任何一座不和谐的建筑，杭州做到了，西湖成功了。伴随着西湖申报世界文化遗产，杭州城市发展也坚定不移地从"西湖时代"迈向了"钱塘江时代"，气势磅礴地建起了杭州新城。

从文化景观到历史街区，从文物古迹到地方民居，众多文化遗产都是形成一座城市记忆的历史物证，也是一座城市文化价值的体现。杭州为了把地方传统文化这个大概念，变成一个社会民众易于掌握的清晰认识，将这套丛书概括为城史文化、山水文化、遗迹文化、辞章文化、艺术文化、工艺文化、风俗文化、起居文化、名人文化和思想文化十个系列。尽管这种概括还有可以探讨的地方，但也可以看作是一种务实之举，使市民百姓对地域文化的理解，有一个清晰完整、好读好记的载体。

传统文化和文化传统不是一个概念。传统文化背后蕴含的那些精神价值，才是文化传统。文化传统需要经过学者的研究提炼，将具有传承意义的传统文化提炼成文化传统。杭州与丛书作者在创作方面作了种种古为今用、古今观照的探讨交流，还专门增加了"思想文化系列"，从杭州古代的商业理念、中医思想、教育观念、科技精神等方面，集中挖掘提炼产生于杭州古城历史中灵魂性的文化精粹。这样的安排，是对传统文化内容把握和传播方式的理性思考。

继承传统文化，有一个继承什么和怎样继承的问题。传统文化是百年乃至千年以前的历史遗存，这些遗存的价值，有的已经被现代社会抛弃，也有的需要在新的历史条件下适当转化，唯有把传统文化中这些永恒的基本价值继承下来，才能构成当代社会的文化基石和精神营养。这套丛书定位在"优秀传统文化"上，显然是注意到了这个问题的重要性。在尊重作者写作风格、梳理和讲好"杭州故事"的同时，通过系列专家组、文艺评论组、综合评审组和编辑部、编委会多层面研读，和作者虚心交流，努力去粗取精，古为今用，这种对文化建设工作的敬畏和温情，值得推崇。

人民群众才是传统文化的真正主人。百年以来，中华传统文化受到过几次大的冲击。弘扬优秀传统文化，需要文化人士投身其中，但唯有让大众乐于接受传统文化，文化人士的所有努力才有最终价值。有人说我爱讲"段子"，其实我是在讲故事，希望用生动的语言争取听众。今天我们更重要的使命，是把历史文化前世今生的故事讲给大家听，告诉人们古代文化与现实生活的关系。这套丛书为了达到"轻阅读、易传播"的效果，一改以文史专家为主作为写作团队的习惯做法，邀请省内外作家担任主创团队，组织文史专家、文艺评论家协助把关建言，用历史故事带出传统文化，以细腻的对话和情节蕴含文化传统，辅以音视频等其他传播方式，不失为让传统文化走进千家万户的有益尝试。

中华文化是建立于不同区域文化特质基础之上的。作为中国的文化古都，杭州文化传统中有很多中华文化的典型特征，例如，中国人的自然观主张"天人合一"，相信"人与天地万物为一体"。在古代杭州老百姓的认知里，由于生活在自然天成的山水美景中，由于风调雨顺带来了富庶江南，勤于劳作又使杭州人得以"有闲"，人们较早对自然生态有了独特的敬畏和珍爱的态度。他们爱惜自然之力，善于农作物轮作，注意让生产资料休养生息；珍惜生态之力，精于探索自然天成的生活方式，在烹饪、茶饮、中医、养生等方面做到了天人相通；怜惜劳作之力，长于边劳动、边休闲娱乐和进行民俗、艺术创作，做到生产和生活的和谐统一。如果说"天人合一"是古代思想家们的哲学信仰，那么"亲近山水，讲求品赏"，应该是古代杭州人的生动实践，并成为影响后世的生活理念。

再如，中华文化的另一个特点是不远征、不排外，这体现了它的包容性。儒学对佛学的包容态度也说明了这一点，对来自远方的思想能够宽容接纳。在我们国家的东西南北甚至是偏远地区，老百姓的好客和包容也司空见惯，对异风异俗有一种欣赏的态度。杭州自古以来气候温润、山水秀美的自然条件，以及交通便利、商贾云集的经济优势，使其成为一个人口流动频繁的城市。历史上经历的"永嘉之乱，衣冠南渡"，"安史之乱，流民南移"，特别是"靖康之变，宋廷南迁"，这三次北方人口大迁移，使杭州人对外来文化的包容度较高。自古以来，吴越文化、南宋文化和北方移民文化的浸润，特别是唐宋以后各地商人、各大商帮在杭州的聚集和活动，给杭州商业文化的发展提供了丰富营养，使杭州人既留恋杭州的好山好水，又能用一种相对超脱的眼光，关注和包容家乡之外的社会万象。这种古都文化，也代表了中华文化的包容性特征。

城市文化保护与城市对外开放并不矛盾，反而相辅相成。古今中外的城市，凡是能够吸引人们关注的，都得益于与其他文化的碰撞和交流。现代城市要在对外交往的发展中，进行长期和持久的文化再造，并在再造中创造新的文化。杭州这套丛书，在尽数杭州各色传统文化经典时，有心安排了"古代杭州与国内城市的交往""古代杭州和国外城市的交往"两个选题,一个自古开放的城市形象,就在其中。

"杭州优秀传统文化丛书"团队在传统和现代的结合上,想了很多办法,做了很多努力。传统文化丛书要得到广大读者接受,不是件简单的事。我们已经走在现代化的路上,传统和现代的融合,不容易做好,需要扎扎实实地做,也需要非凡的创造力。因为,文化是城市功能的最高价值,也是城市功能的最终价值。从"功能城市"走向"文化城市",就是这种质的飞跃的核心理念与终极目标。

2020年9月

(单霁翔,中国文物学会会长)

湖山佳趣图（局部）

目 录

001　引言

005　城门立：一千四百多年前，砖瓦垒砌出一座座城门的故事

014　候潮门：潮起潮落，一坛好酒门下过

021　艮山门：兴毁几何，是狼烟四起战火飞，是繁华丝织商业起

039　朝天门：穿越千年的朝天门记忆

055　钱塘门：一千四百年风花雪月与金戈铁马中，唯一未改名易地的城门

063　清波门：清风微波，门里门外那些事儿

077　望江门：看大江东去，时代翻滚如潮

087　凤山门：从双门望去，看凤山门前世今生

104　凤山水门：历经六百年风雨，唯一现存的古城门

108　北关门：夜市的篝火已明晃晃地燃起，门下的战争却并未远去

123　武林门：道城里城外事，梦里花落知多少

135　涌金门：未说湖山佳处在，清晨小出涌金门

150　庆春门：古今多少事，都付笑谈中

163　清泰门：清平安泰顺遂来，纷纷寄予此门中

178　新登城门：一朵莲花耸碧霄，二水襟带万山朝

192　严州府城门：山下平川处，李文忠建造了半朵梅花城

引 言

山河千里国，城阙九重门。

千百年来，那两扇笨重的大门每日准时开开阖阖，吱呀声就在城下回响不停。屹立在历史时空中的城门，伴随着朝代的兴衰更迭，见证了无数歌舞升平、铁马金戈的故事。

五千多年前，"中华第一城"——良渚古城在杭州诞生。

揭开良渚古城神秘的面纱，我们瞧见一座营造在湿地之上的雄伟城池。在内城的四面城墙，围成一个圆角长方形，构成了城市形态。墙体上修筑的一座座城门，又将分割的空间连通。良渚古城，这座杭州历史上最早的城池，让城门的意义显得更加与众不同。

依据自然地势修建的内城中，目前已知的就有九座城门，其中八座是水城门，剩余一座是旱城门。遥远的杭州先人们，以他们无与伦比的智慧，创造了早期杰出的城市文明，彰示了中国五千多年前的文明成就。

然而不知何时，一场突如其来的变故将这座千年古城淹没，良渚古城门的故事戛然而止。"杭州"一词源于隋文帝时废郡设州，隋开皇九年（589）设立杭州，将州治定在余杭。开皇十一年（591），杨素依凤凰山筑城，四道城门拔地而起。以门为标尺，杭州城的大体格局就此建立。

唐末五代吴越国时期，钱镠先于唐大顺元年（890）修筑子城，又于三年后修筑罗城。几经修筑，杭城呈现腰鼓形状。在时光荏苒中，吴越国时期杭州十座城门的说法慢慢兴起。

北宋时期，杭州城门大体沿袭吴越国旧貌。经历了太平盛世与兵荒马乱的杭州城门，在朝代更迭中继续书写着自己的历史。当时间的车轮行至南宋，一个属于城门的高光时刻也随之到来。

宋高宗赵构选定这个烟柳画桥之处，并于宋绍兴元年（1131），安排人在凤凰山东麓开始修建皇城。直到绍兴十八年（1148），他理想中"周围九里"的皇城才修筑完毕。这座新城因西靠凤凰山，便始设三个城门，分别是南门丽正门、北门和宁门与东门东华门。十年之后，又增设了西门西华门与东南外城城门。

外城城门也有所变化。彼时临安外城共有旱城门十三座，其中，东青门与艮山门较为特殊，是在大城门外修有副城的瓮城，而其他旱城门上还建有楼阁屋宇。

水城门较旱城门数量偏少，只有五座，分别是余杭水门、南水门、北水门、天宗水门与保安水门。

南宋王朝覆灭后，杭州迎来"禁天下修城，以示统一"

的元朝。曾经的皇城北门和宁门被夷为平地，在原址上建了般若寺。在朝代更迭，樯橹灰飞烟灭之间，曾经的杭州皇城毁于一旦，诸多城门也付之一炬。

元末至正十九年（1359），杭州正处于张士诚的掌控之中，他为了加强防卫，便征发浙西民众从钱塘门开始修筑杭州城垣，并增设天宗门、北新门。其中，天宗门由宋朝的水门改筑成旱门。

明朝，杭州城垣仍旧沿袭张士诚所定旧制。废去钱湖门、天宗门、北新门，并在和宁门的旧址建凤山门。因凤山门处杭州正南方位，又被称作正阳门。

清朝，杭州仍旧沿袭明朝格局。清康熙五年（1666），永昌门被毁。此后重建，改名为望江门。之后，浙江巡抚李卫为了交通便利，又在杭州修建了五道城门。但杭州城门被拆除的命运无法改变。清光绪三十三年（1907），因沪杭甬铁路开通，准备在清泰门内设立车站，所以清泰门被拆除。此后，杭州的"城门拆除运动"正式启动，几座城门相继被拆，仅有一座凤山水门屹立至今。

现在的杭州还包括古代严州及部分越州地域，这些地方亦有不少古城门的身影。彼时严州城门共有八座，东边有望云门，南边有定川门、安流门，西边有安泰门、和平门，北有嘉贶门，西南有善利门，东北有百顺门。元至正二十一年（1361），李文忠受朱元璋之命修筑严州城，增设一座城门。城内共有五座旱城门，四座水城门。至明万历年间（1573—1620），严州城内仍旧有五座旱城门，四座水城门。

富阳新登古城同属杭州。及至明代，倭寇大举入侵浙江时，新登县令范永龄主持修筑新登古城。彼时，初设城门四座。明万历元年（1573），又增设一门为旧东门。清道光十九年（1839），知县方联孚修筑城垣时，还补上元始门、嘉会门、利遂门、贞成门四座城门的门额。如今，五座城门皆已拆除，仅存一千余米古城墙屹立一旁，向人们诉说着过往的故事。

始于汉唐的千年古城——狮城（遂安古城）共有五座城门，分别为兴文门（东门）、向明门（南门）、康阜门（小西门）、靖武门（大西门）、拱极门（北门）。每座城门上都建有城楼，城楼顶部又覆盖有巨石板，且四面以砖砌筑。两侧又开拱门，骑在城墙上。同为千年古城的贺城，于元末毁于战乱。明洪武年间（1368—1398），贺城重建。如今，这两座古城已被深藏在千岛湖下，而那些城门的故事则成为水中的粼粼波光，闪烁在杭人心间。

兴衰循环的城门过往，在时代车轮的碾压下，最终成为一块青石碑。然而，历史的记忆仍旧在这片土壤上流淌。后人只得从石碑上镌刻的文字穿越，在历史的篇章里寻找城门的点点滴滴，由此掀开一幅幅城门图景。

清晨，两扇笨重的大门打开，吱呀声响起。我们朝城门边望去，历史的画卷徐徐展开：或是狼烟四起、金戈铁马，或是歌舞升平、盛世繁华。

城门立：一千四百多年前，砖瓦垒砌出一座座城门的故事

狼烟烽火中，城垣拔地而起，城门傲然挺立。以城门为标尺，杭州最初的格局由此划定。以城门为载体，无数人探寻杭州细微处的纹路，窥见从前的风云，寻觅东南形胜第一州最初的模样。

城门，城之门户，其重要性不言而喻。倘若回到初始，杭州城门的故事，却要从千年前的一场战争说起。

隋：平定江南叛乱后，杨素的心里定下一个坐标——柳浦西

隋开皇十年（590），杨素被隋文帝杨坚派到江南平定叛乱，他经过慎重考虑，在柳浦西修建了杭州州城，开启了杭州城门的故事篇章。

战火之中，杨素心里开始谋划着一件事——建城。

隋开皇十年（590），冬日严寒。一场江南叛乱悄然滋生，且声势越发浩大。这场叛乱并非毫无由头。一则江南自东晋以来便"刑法疏缓，世族凌驾寒门"[1]，不服中原朝廷管教已成惯常；二则平陈后，隋政府一直对

[1] 司马光：《资治通鉴》，中华书局，1956年。

江南地区实行武力管控政策，百姓们和氏族都被压得无法喘气。

古人干大事之前，发动舆论战是惯常操作。

谣言最初是从市井传开的。江南百姓听说隋政府准备将他们迁至关中地区严格管理，纷纷对隋生出厌恶。士族豪强趁机煽动，点燃一场叛乱之火。有自称大都督的杨宝英、蔡道人等，也有起兵造反，自称天子、设百官的汪文进、高智慧等。总之，在江南陈朝曾经的疆域内，大大小小的叛乱势力此伏彼起，有的团队有数万人，有的则只有几千人。他们各有旗帜，准备靠这"星星之火"烧毁隋朝。

但这些动乱在披坚执锐的隋军面前，最终的结果都是一败涂地。

历史赋予杨素使命的关键时刻到来了。这位出身士族，先祖世代为官的人，自小就不拘小节志向远大。后世评价他一生功过皆有，既有英杰之表，惊世之才，同时又是逆乱之源。

开皇十年（590），已近知天命之年的杨素接到了平定江南叛乱的任务。十一月，高智慧的势力已经占据浙江东岸，连绵一百多里的海岸都被他占领，战船更是停满海面。

这仗不好打。吴地人悍勇敏捷，尤擅水性。高智慧的实力很强，尤其是水军战斗力。在对方占据各个要害之处的前提下，一旦开战，结局如何，杨素心里也没底。

他看着水上的战船，思索着作战策略。

突然，他的部将南阳人来护儿上前提议："此处作战，吴地人优势甚大。您率军严阵以待，不要和他们交锋，属下有更好的办法攻破贼人的防线。只需给我骑兵数千，夜里偷偷渡江潜入敌军后方，到时您再出兵包抄，让他们退无可退。"

杨素听后，深以为然。于是他召集部队，向众将士宣布作战计划：兵分两头，一队率领轻型战船数百艘，从侧翼偷偷渡江，攻击其在岸上的营垒。另一队再从正面进攻，直捣黄龙！

果然，来护儿一登上浙江东岸便打了高智慧个措手不及，还趁机放火烧掉了他们的营垒。

火势随风而起，不一会儿便烟焰冲天。正在作战的叛军突然发现身后的营地起火，顿时军心大乱。

杨素见状，成竹在胸。在战场上，一旦一方军心混乱，这战役的胜负便没有悬念了。他在刀光剑影中喊道："冲啊！"

众将士在他的带领下，渡钱塘江冲入高智慧军队，直攻其大本营。

然而，作为平江南叛乱中最关键的一役，却胜得并不容易。在叛军军心已乱的前提下，杨素率军从白天打到黑夜，耗时整整一天才彻底打败叛军。

在这场江南平叛之战完美落幕后，杨素造了一座为后世称道的形胜第一州的雏形。这座州城从战火纷飞中来，在腥风血雨后垒筑砖瓦。它用渐渐显露的城池模样向世人宣布，一个新的地理坐标将从此熠熠生辉。

这里有一个无法忽略的地理位置——柳浦西。《旧唐书·地理志》记载，杭州州城在柳浦以西的凤凰山麓，且《乾道临安志》中还提到，其城周长"三十六里"。

这个"柳浦西"到底是个什么地方？

它位于钱塘江渡口以西。杨素在此处建城，是看中此处极高的军事价值——跨越钱塘江的南北交通线。

对于交通要塞的军事价值，杨素心如明镜。尤其是开皇九年（589）与开皇十年（590）他率领隋军两次渡江作战，给了他最为直接的启发。

开皇九年（589），隋朝大军南下，仅用几天就攻占陈朝首都建康（今江苏南京）。国都陷落，陈朝难逃灭亡命运，然而陈朝东扬州（今浙江绍兴）刺史萧岩与吴州（今江苏苏州）刺史萧瓛却一直坚持抵抗。隋朝派宇文述率一支水军增援。宇文述指挥水军渡江，很快势如破竹，大败陈军。值得一提的是，他选定的登陆地点就在西陵埭，而他之所以能迅速进兵西陵，极有可能是从柳浦出发。

开皇十年（590）的战役由杨素亲领，他对交通要道的军事地位有着更为深刻的认知。杨素军队在钱塘江边的屯扎处，多半也在柳浦。因此杨素对这个位置，尤其上心。

"修建城池！一定要建一座城池！"杨素内心如是思索着。一旦钱塘江的险要位置被南岸军队独占，后果不堪设想。而在钱塘江北岸修建重镇，尤其是选择柳浦，既能制衡江南势力，又能掌握交通要道，相当于将军事要地和政治中心合而为一。念及此处，杨素不由得认为，这个想法非常完美！

依山筑城，是另一种绝佳的防御方式。杨素何其聪慧，攻打苏州城时，他就发现平地而起，无险可守的城池，有致命的缺点。因此，修筑杭州新城，定要借助凤凰山的地理优势。

于是，隋开皇十一年（591），杭州城自余杭迁至凤凰山。

依山而筑的杭州城就这样登上历史舞台。杨素清楚，依山建城比平地城池更易于防守。而此时伴随城垣而起的，还有不得不提的主角——城门。当时杨素筑城设立四个城门，南面凤凰门，西北钱塘门，东面炭桥新门，北面盐桥门。至此，杭州城的雏形逐渐显现。

唐：袒肩和尚的一句话，灭了杨行密攻城的念头

唐朝末年，吴越国王钱镠将杭城筑成腰鼓状，以城之坚固退了敌军。

唐大顺元年（890），秋。

杭州的天空澄澈蔚蓝，秋风拂过的林木丛中，一段夹城拔地而起。

环绕着包家山、秦望山施工的匠人们费了一番心思，最终在这一年的十一月，穿林架险而版筑，于西南部修建起一段长五十余里的新夹城。

城墙筑好，城门必不可少。在这段修筑于丛木之中的夹城上，开了两处颇有气势的大门，一为龙山门，一

为西关门。其中，龙山门在六和塔的西面，即秦望山（今杭州将台山）山麓，西关门则在雷峰塔下的湖滨。

三年后的盛夏，暑气正浓，空气中氤氲着一股子灼热之感。这暑热却无法阻挡钱镠筑城的决心，他征发民夫又在夹城东北修了一道"城外之城"。据《吴越备史》记载，钱镠曾率领十三都的士兵开筑此城。工程浩大，周长七十里。因其整体形成一道手指罗纹形状的城墙，俗称"罗城"。

这一次修筑，添了五道城门，分别是朝天门（即今日鼓楼所在地）、南土门（即今淳祐桥西南）、北土门（也叫土址门，今菜市桥西之东青巷口）、保德门（又作德胜门，今艮山门处）与北关门（今武林门外）。

据《吴越备史》可知其扩建方向大致是：从今日的鼓楼开始，将淳祐桥、菜市桥西侧相连至艮山门，转而向西一直延伸至武林门外，再向南弯曲，一直到昭庆寺后的霍山，将盐桥门、炭桥新门、钱塘门等城门囊括其中。这次修建范围极广，东面延伸至东河，南面则直抵六和塔，西至雷峰，北到武林山，周长达七十多里。临山眺望，整个杭州城恰似一只两端宽中间窄的腰鼓。

后梁开平四年（910），钱镠将最后一次杭城扩建计划提上日程。他计划在凤凰山山麓隋唐两朝原有的州治基础上，扩建子城。这子城又叫"牙城"，是钱镠的王城。子城只开两道城门，位于凤凰山右侧的是南门，名为通越门，而位于今瑞石山侧的则是北门，名为双门。

王城之门，坚固非常。尤其城门之上铺以铁叶，用手一敲，还会发出咚咚闷响。宋人蔡襄说，这是备敌之用。实际上，不只是王城门，其他城门与城墙也非常坚固。

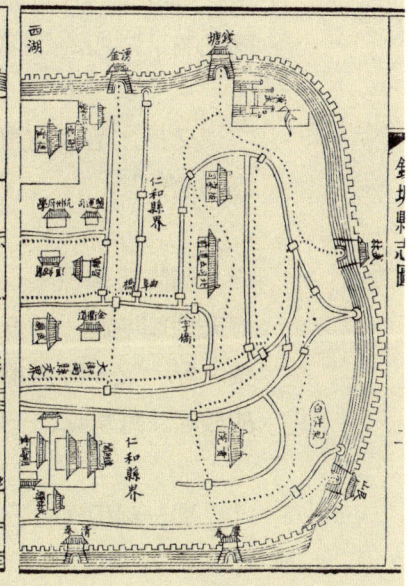

《万历钱塘县志·钱塘县治图》上有杭州十大古城门

　　唐乾宁二年（895）时，润州刺史安仁义和田頵要率军攻打杭州城，杨行密（南吴开国国君）得了消息，也率兵赶来。他为保此次计划稳妥，特意在大军将到之际，先行派一个袒肩和尚去杭州打探虚实。

　　这日天高云阔，遥挂的太阳映照得这座城泛着光。

　　和尚站在城门下，抬头望去皆是熙熙攘攘的人群。他身后有几人正准备进城，许是有些心急，不小心撞上了他。和尚轻念一句阿弥陀佛，也随人群往城门走去。

　　和尚没有忘记此行是为搜集情报。他沿着城墙前行，来到夹城东北边的城外之城处，故作漫不经心地抚摸那扇城门，自言自语道："这城门真结实啊！"

　　过路的菜贩听到，抬着头自豪地笑道："二十万民工！

十三都的士兵！且城门又是往来通行必经之处，自然不同凡响。"

又一过路人闻声附和道："只花了五个月时间！何等神速！"

和尚轻轻点头，微微笑了笑。他继续前行，忽然听得天地间响起一阵低沉的号角声。待他转头寻这声音源头之际，又一阵震彻天地的战鼓声咚咚响起。霎时间，战鼓起，号角鸣，一股肃然浩荡之气在杭城蔓延。

那一刻和尚明了。

他缓缓转过身去，抬起那张不甚苍老的脸，静静地看着头顶这片天。太阳依旧热烈地炙烤着大地，微风还裹挟着城中小食的香味。和尚久久地看着那片天，幽蓝色的天幕，连一丝漂浮的白絮都没有，干净澄澈得宛若被浣洗过。

竟是这样一座城！

和尚回去了，他将心中所想全盘托出："这是座腰鼓城，即使发动攻击也会败北。我听闻城中鼓角之声，钱氏子孙必定有恃无恐，您三思而行啊！"

杨行密听后，沉默不语。

他的脑海中闪现出那道道城门的模样，耳中仿佛听到那鼓角之声。良久，杨行密感叹道："钱镠不是一般人！"

罢了，回去吧。杨行密摇着脑袋，苦笑一声。

千百年后，今人沿着历史的脉络探寻往昔，城门的历史便如泼墨山水画一般浮于眼前。从金戈铁马与烟柳画桥的层层画布中走过，回到杭城修筑之时，不难发现，吴越国时期便是旧志所载杭城十门一说的最早年代。

历经几次扩建，杭州城门纷纷涌现。《西湖游览志余》提到，钱镠建国，城门有十，分别为朝天门、龙山门、竹车门、新门、南土门、西关门、北关门、北土门、保德门、盐桥门。

那时，十门修筑已经落下帷幕。钱镠站在杭州大地上，冥想每一道城门，脑中连绵起伏的城墙宛若一条游龙，不由得叹道："千百年后，知我者以此城，罪我者亦以此城。苟得之人而损之己者，吾无愧与。"①这是杭州诸城门的开始，也是一座伟大城市的开始。

---

① 董诰等编：《全唐文》，中华书局，1983年。

候潮门：潮起潮落，一坛好酒门下过

船帆晃动的影子才过去，阵阵怒吼的涛声又传来。钱镠远望那卷起的千堆雪，带着一腔我命由我不由天的万丈豪情，一声令下，开启了一座城门的历史。

唐：从捍海石塘中走来，奠定竹车门之初态

滔滔江潮裹着白色浮沫，一阵一阵拍打江岸。因钱镠筑城而得名的竹车门，在杨存中手中重建，更名为候潮门。

许多年来，潮水的侵袭让江岸土地"节节败退"。秦望山东南十八堡原是富庶之地，却常因海潮变成一片汪洋。

钱镠久久凝望着钱塘江的方向，背在身后的双手逐渐捏成一个拳头。他不由得想起唐景福二年（893）扩建的一部分城墙，被汹涌的江潮无情吞噬，几番重建又几番坍塌的困境。

浪潮似乎就在眼前翻滚，涛声宛若耳边怒吼。他缓缓松开手，心下默念：当真无法治一治？

他冷笑一声，轻轻抬起的眼皮下，是凛冽果断的眼神。

后梁开平四年（910）八月，写下《筑塘疏》的钱镠清楚，眼下必须做一件事——筑捍海石塘。

八月十八，这场与潮水为敌的特殊战役打响了。

竹车门最初的形态就诞生于这场惊天动地的筑捍海石塘的行动中。

《吴越备史》记载，修筑海塘时，他们刚定下地基，就有江涛怒吼昼夜拍岸，版筑工作被迫几度中止。为了给筑塘将士助威，钱镠命五百弓箭手立于岸边，齐射潮头。那一日，身强力壮的士兵们，手持弓箭分列排开，钱镠则登上一座垒雪楼，极目远眺，观察江潮动向。

待江面传来呼啸之声，怒涛卷起千堆雪涌来之时。钱镠一声令下，瞬时锣鼓震天，士兵万箭齐发。遮天蔽日的箭矢统统朝着江潮射去。刹那之间，潮水退去，江岸远处的看客们欢声如雷。没过多久，江潮转向，又作千军万马之状，奔流去了西陵。

钱镠命士兵们往江中打入巨木桩，将盛放在竹车之中的巨石运至江岸，倾倒其中。

将士们推着竹车来来往往，不知忙活了多久。巨石累积到一定数量后，城基终于固定下来。而因此建起的城门，便起名"竹车门"。

二百多年后，正值宋绍兴二十八年（1158），宋高宗赵构决定改建临安城（今浙江杭州）。殿前都指挥使杨存中受命筑城，修建五丈充作御路，六丈充作民居。

正是这个缘由,杨存中才在竹车门基础上重建了城门。又因其濒临钱塘江,每日可闻两次潮水奔腾之声,这道城门便被叫作候潮门。

这名字倒是延续了竹车门血脉里的随性洒脱。单单是"候潮"二字,便生生将这道城门的作用立了起来。候着那潮水涌起又退去,候着那涛声袭来又消失,闲适的江南韵味就在这样的背景音乐中流淌出来。

宋淳熙十年(1183)八月,每一年的涨潮日如期而至。

临安城炎热之气已起,朵朵白云跌落蓝色大海,晃晃悠悠片刻,便踪迹全无。宋孝宗赵昚早已有些雀跃,想着今年钱塘江潮起之势,定又是蔚为大观。这种好事当然要有人分享,他迫不及待地跑到德寿宫,接上太上皇赵构一道去浙江亭观潮。

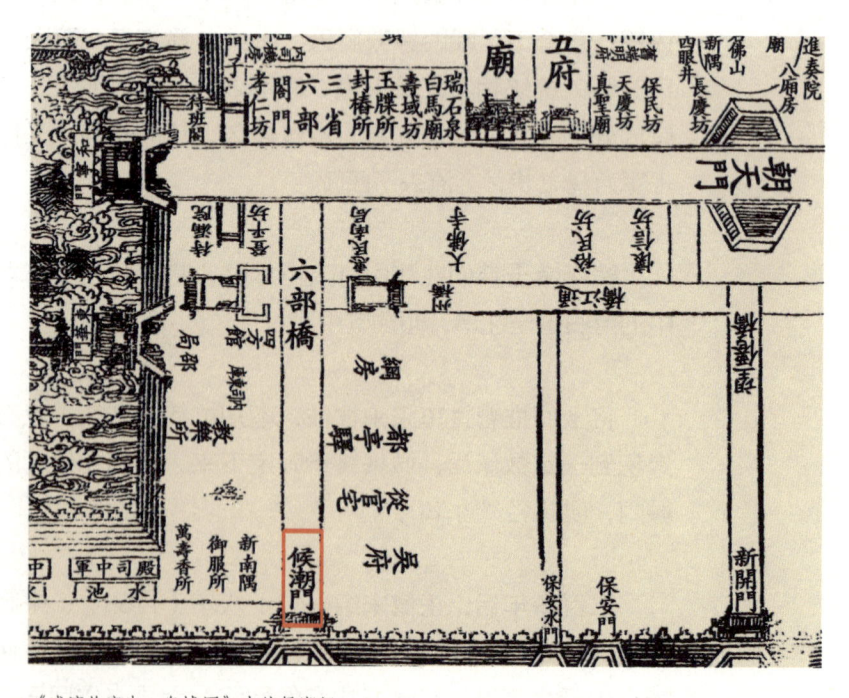

《咸淳临安志·皇城图》中的候潮门

候潮门边的氛围已经炒得火热。早在八月十一二日，便有好热闹的人前来观潮。而十八日这天是最佳观潮日，临安城内出城观潮的人就更多了。不只是民间百姓，就连公卿百官、皇室宗亲也会凑这个热闹。

圣驾一行浩浩荡荡地从候潮门出来，那是容不得半点儿马虎的。偏有一点，候潮门内这条路又与其他城门之路不甚相同。因候潮门正临钱塘江之冲，其门内之路便是潮沙填筑之路。彼时城内大街都是石砖铺就，只有候潮门内是一条泥路（又称辇路）。因此，伺候圣驾出行的宫人们更是小心谨慎，唯恐落一个错处。放眼瞧去，候潮门外，早年间钱镠筑起的江堤之上，连绵好几里都罩上了五彩薄绢的棚屋。两宫后妃的棚屋，更是扎了足足五十间。

近处平静的江面微泛波澜时，就见远方一道银浪奔袭而来，转瞬间就到眼前，拍在岸上的水势直有几丈高。众人看得心潮跌宕，拍手叫好。最终一群人尽兴而归，这一日才算画上完美句号。

候潮门外到闸口十里路最佳观潮点的地位，一直到元代都未动摇。每到观潮日便人满为患，其中浙江亭更是纵览海潮的上上之选。到了清朝，钱塘江江流改道，观潮的最佳点变成了海宁盐官。不过，仍然不乏杭州百姓齐聚候潮门一带观潮。

时至今日，那滔滔潮声与候潮门一道，成为历代杭城人心里一抹明丽的印记。

南宋：辞职罢免者的必经之门，却从来以热闹著称

宋淳熙七年（1180），隆冬岁月。

陆游又被罢官了，他缓缓朝候潮门走去。在这条离职官员必经之路上，他的身影似乎出现得过于频繁。不过对候潮门而言，茫茫人海，每日过路者那么多，怎有空记住他？它早看惯这等不如意之事，已然无动于衷。

那些被免去职务的，被外放任职的，或是戴罪发落的，都得过候潮门，到浙江亭办理相关手续，听候安排。与此同时，自外地来临安的官员或文人，也都由浙江亭接待，再经由候潮门进入城中。

如此，一座城门的两重意味便尤为鲜明。官职不保的人，面色不佳，过了这座门便意味着背离庙堂，从此山高路远不知何时能再回来；而千里迢迢赶来的人，笑逐颜开，知道过了这座门便意味着自己的人生之路多了一道加持。

人来人往，每个人都有自己的故事。候潮门边，还有更多不一般的声音。与其他外城城门相比，候潮门最接近大内禁地、六部官署。或许正因如此，圣上出行，如观潮，如郊游，都是从候潮门出。此外，从候潮门到六部桥之间，还有一处官方馆驿，曰都亭驿。这是南宋接待外国使臣的地方。因此，候潮门这一段的安全守卫不言而喻。

宋绍兴二十八年（1158），皇城逼居山上，局促之状愈显，因此有向东扩展的必要。皇城门如和宁门、东华门在这时展拓修建，而候潮门也在这时重建，并由西北移至东南，成为东南方往来旅客的必经之路。

彼时，从龙山闸自南而北流来的龙山河因与大内禁地相近，涉及安全问题，因此被禁运。但钱塘江连接北方与南方的航运，终需一条水道与临安相连，在此情况

候潮门：潮起潮落，一坛好酒门下过

《西湖清趣图》中的城门（弗利尔美术馆藏）

下，流经候潮门的城外运河贴沙河便肩负起这个重担。因此，不管陆路还是水路，候潮门都是东南方往来者的必经之道。

绍兴后期，候潮门边是顶繁盛的一片图景。名满临安的乐器专卖店——顾四笛就开在这里。此外，鲜鱼行、青果园、南猪行也在此处。临安城内有名的十三家瓦子之一，也有一家开在候潮门外。就连南宋皇家禁军的校场也设在候潮门外，每年操练，此处繁盛可见一斑。

爱酒的人，在城中就闻到那城门外绍兴老酒飘着的香气。酒坛儿经不起马车颠簸，沿江运来的酒坛船到临安也多走河道，因此候潮门北边的保安水门便起了作用。当运酒的船划过候潮门，那酒香便经过水门过中河，飘向城中各处人家，醉了满城百姓。正是如此，才有"候潮门外酒坛儿"的杭谚。

后来，钱塘江东退，河道淤塞，进城的酒坛儿便逐渐转向艮山门、七堡江口，候潮门外的酒香也渐渐淡了。

宋时，城东有七门，候潮门之南有便门。到了元朝，因为候潮门的方位向西了移动二里，便门就被取缔，候潮门也改为东南向。彼时，候潮门还建了水门。明朝万历年间（1573—1620），候潮门是杭州东城五门之一，有水门。清朝康熙年间（1662—1722），候潮门成为东南第一门。

1913年，候潮门被列入拆除行列，就此被夷为平地。如今，杭州市政府为了让后人铭记城池变迁，特意在如今候潮路与江城路相交处立碑纪念。那些历史中的故事，仿佛还在这片土地上继续。在不同的时空里，在候潮门的城楼与瓮城中，人们交谈的欢笑声仿佛还萦绕耳旁。

"你闻，绍兴老酒的香味又飘来了！"

这是候潮门，有老酒之香，有潮水之湿，更有千百年历史变化的沧桑。

艮山门：兴毁几何，是狼烟四起战火飞，是繁华丝织商业起

艮山门，杭州城东北第一门，俗称坝子门，历朝历代都是城内防御工作的"军事命门"！吴越国钱镠筑罗城，艮山门就是十门之一，但彼时，艮山门还叫保德门（又名德胜门）。

吹开战争的余烬，露出和平的一面，我们能看到艮山门繁华鼎盛的一角，经贸往来、人文关怀、郊野旅游……都是生动而鲜活的人间烟火。

唐：趁我外出搞叛乱？钱王乘舟保牙城

唐天复二年（902）八月，保德门前，叛乱的右都指挥使徐绾被了结于此。

杭州城内没有一家庆团圆、起笙乐，满城都浸泡在杀伐弥漫的恐怖气氛下。

钱镠跑死了两匹马，终于在八月二十三日深夜赶到保德门前。

保德门是艮山门的前身。百年间，见证无数刀光剑影，

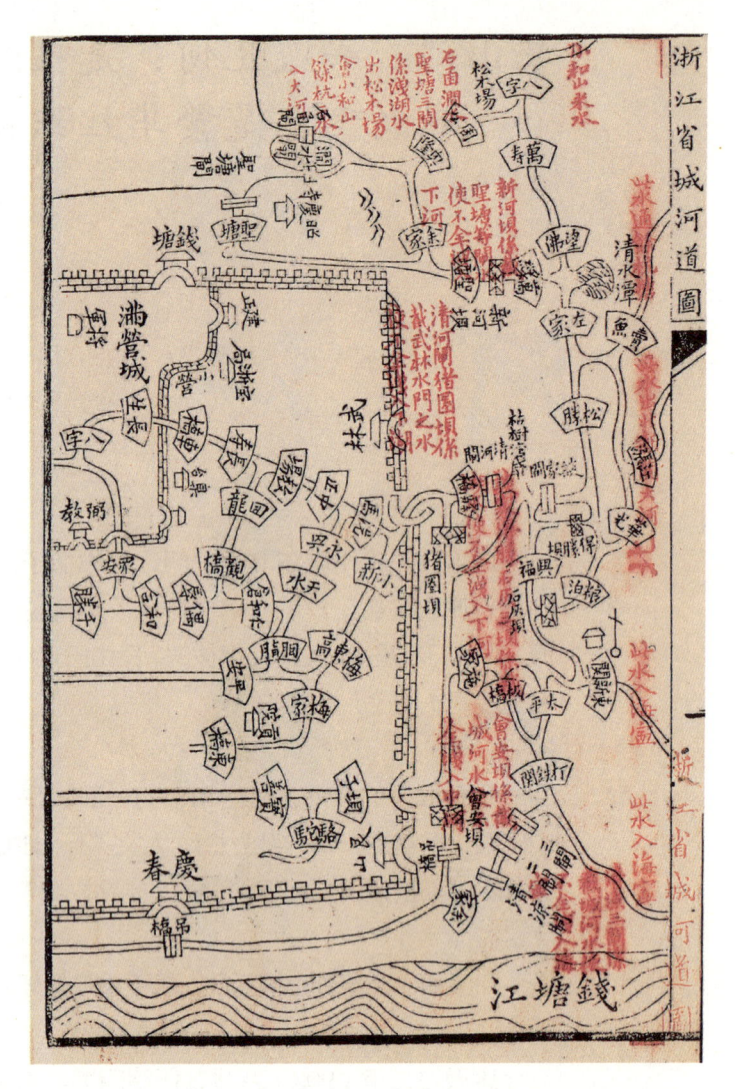

《浙江省城河道图》上可见"艮山(门)、会安坝、打铁关"等名

成王败寇。

却说当时夜色浓重,还未下马,钱镠就看到城内烽烟四起。

他丢开缰绳,自言自语道:"信中所言不假!"

八月十八日，钱镠刚从老家临安县（今杭州市临安区）视察归来。半生戎马，他用最尊贵的方式衣锦还乡。郊外空气清新，白云悠悠，还有青瓷烧制，钱镠本来打算在这里多住两天。没想到，一封带血污的加急密信快马而至，打破所有宁静。

密信上说："八月十四日，徐绾造反，围外城，左都指挥使许再思作乱，里应外合，情况危急，越王速回！"

短短两行字，让钱镠如遭烈火灼烧。

钱镠当即启程，率精锐部队疾驰回城，马不停蹄地跑了四天三夜，终于在第五天入夜，到达杭州城东北边的小山丘。

天上无月，只有七八点星子斜挂。钱镠下马，隐约看见保德门前有四五黑影横卧。尚不知是死尸还是埋伏，他不敢大意，不顾掌心因握缰太久被勒出的道道红印，倏地拔刀在手。

跟随钱镠的众将士见状，纷纷拔刀。

"越王！"

一个陌生的声音突然划破夜色，钱镠下意识举刀自护，再细看声音来源，那从保德门下的阴影中踉跄走出的，是一个满身血污的身影。那人长跪在地，说道："越王终于回来了！恕末将迎驾来迟！"

钱镠细看来人，是个生面孔。他没有放下胸前的刀，只问："你是何人？"

他这次因徐绾的背叛栽了大跟头，所以再不敢轻信于人。

那将军于是自报家门："末将是周将军的副将钟审，奉命前来接应越王。"

"哪个周将军？"钱镠拧眉，戒心仍在。

钟审将周肃提前准备好的信物交给钱镠看。

"周肃？璟智的部下！"钱镠见了信物，确定这钟审是心腹之人派来的，才放下刀，狐疑地看向钟审身后，问："周肃怎么派你前来接应？璟智不出来迎我，可是在战场上被叛军所伤？"

屠璟智，正是五天前给钱镠写信，通报徐绾叛变一事的人。他是钱镠的得力大将，也是值得托付一城安危的忠直之士。

钟审堂堂七尺男儿，眼眶一涩，伏地痛哭："越王，屠主将来不了……"

钱镠手上的刀，抖了抖。

原来两日前的大战，屠璟智在讨伐叛军的途中受了箭伤，流血过多，没能保住性命。

钟审说："周将军奉屠主将遗命，派末将在二十三日当天入夜时，赶到城东北迎接越王。屠主将交代，越王必定从保德门至。"

"叛军主要在……城西一带火攻，越王回城……必选东北保德门。"重伤的屠瓛智脸色苍白,奄奄一息,僵着手指杵在地图上,给周肃仔细交代后事,"保德门离叛军势力远……离东边的河近,进王城方便……你备一艘小船,派人多带些人马,不要声张,前去接应……叛军一定有眼线埋伏在保德门边,速速斩杀,为……为越王清理……清理障碍……记住……不可大意……"

"屠主将交代完这一切,就闭上了眼睛。"

钱镠痛失左膀右臂,把刀往地上一插:"瓛智用性命保王城,我也不会负他!必取徐绾首级祭他在天之灵!"

保德门边,秋风呼啸,钱镠对跟在身后的心腹大将成及吩咐:"传我令!今日如能助我挺过去者!必定重重有赏!"

成及跪地:"越王吉人自有天相,成及和众将士必会鼎力相助!"

钱镠做事雷厉风行,拔刀之后,即刻调节情绪,让钟审穿上他的衣服,随成及一起带大军前去夜袭龙兴寺。自己只挑几个机灵的士兵,为进城作掩护。

钱镠乔装扮为平头百姓,从保德门不动声色地潜入城内,然后坐小舟沿河连夜抵达皇城东北角。

城内人心浮动,夜无安宁,独有烽烟余味。

护送钱镠的士兵中,有一个经验颇丰的下级军官,攀岩很有一套。钱镠借助他的力量,翻墙进了王城。

王城幸而有钱镠之子钱传瑛和大将马绰死守,未被叛军攻破。钱氏手下多良将,王城守将潘长骁勇善战。两日前的那场大战,正是潘长把徐绾的军队打退到城外龙兴寺。

钱镠回宫路上,没有惊动任何人。直到时机成熟,才亲手将徐绾埋伏在皇宫的一个眼线斩杀。

消息不胫而走,城中人方知——越王已经回城。那城外与徐军恶战的另一个"钱镠",又是谁?

"钱镠已由保德门偷入皇城!"

徐绾一方听到军报时,为时已晚。在与假钱镠的搏杀中,叛军已经丧失大半元气,未料后方还有真钱镠的势力埋伏,首尾难顾。

留得青山在,不怕没柴烧。徐绾虽杀红了眼,但想到这句话,还是在天边微明之时,带着一队人马,溜了。

钱镠没能够生擒徐绾,还眼睁睁看他带着武勇都军主力逃之夭夭,深恨自己当初瞎了眼,养虎为患!

这武勇都军本是钱镠收编的一支异地军队,其主要成员是淮南节度使孙儒的原部下。孙儒兵败杨行密后,将士多从江淮奔浙江而来,徐绾就是其中之一。钱镠见前来投奔的江淮将士都是骁勇之士,不愿浪费人才,就给军队创了编制,号为武勇都。

当时,目光深远的行军司马杜稜面谏钱镠说:"这些江淮将士虽然勇猛,但终究是其他地区的势力,人心不足蛇吞象,弄不好就会把他们的胃口养大。最好还是用两浙地区的士兵代替他们编成军队，以防万一。"

钱镠当日没有听取谏言，不想真成大患——徐绾纠集武勇都军，造反作乱。

当初，钱镠回老家临安县视察工作时，带着武勇都军一起。因临安田间淤塞，他便命徐绾带领众人挖掘沟洫。众人怨声载道，成及敏锐地察觉到变化，就给钱镠进谏："越王，武勇都军甫归，军心还不稳定，陡然给他们施加这么重的徭役，恐怕不妥，来日如果生变，悔之晚矣。还请越王三思。"

钱镠当时仍然不以为意。

正是此举刺激了徐绾的反心，他暗中谋划，心想：撑死胆大的，饿死胆小的，我怎么就做不得自己的主？

一次饭局上，徐绾假意敬酒，实则是想刺杀钱镠，但因准备工作不充分，以失败告终。他脑筋灵光，但对自己演技不自信，唯恐行迹败露，就称病告退。在当时的钱镠看来，徐绾这一举动，怎么都是不满工作繁重，趁机给领导甩脸色，而不是刺杀未果，匆匆逃脱。

从那日起，徐绾就开始暗中操作，利用各种人脉，秘密筹划谋反一事。恰逢临安县水利工程竣工，钱镠被乡人一番夸赞，高兴得昏了头，命令徐绾带领武勇都军提前回城驻守，他还要去周边几个县市巡查一番。

徐绾心想：简直是天助我也！这么好的机会，钱氏政权还不倒塌，天理难容！

徐绾只是简单鼓吹一通，就煽动了原本不稳定的军心。敢冒险的吃肉，会跟风的喝汤，一队人马浩浩荡荡回城，干起谋逆的"大事"。

武勇都军虽勇猛，但终究数量有限，和杭州的大部队比起来，不过尔尔。就在城内军队都认为徐绾只是徒增笑料的跳梁小丑时，不想城内的许再思和徐绾两两配合，通过东北保德门秘密会合，致使外城失守。叛军很快涌入杭城内，打砸抢烧，直逼王城根下。

不幸中的万幸，钱传瑛和马绰还留守王城，两人足智多谋，又有众多大将前赴后继将徐绾击退，给钱镠回杭州争取了喘息的机会。

天大亮，钱镠班师回城，虽然没能将徐绾一举歼灭，但还是打压了他的气焰。

众所周知，平叛工作难度大，风险高，斩草不除根，春风吹又生。

从历史的角度看，张良计和过墙梯的精彩对决从未落下帷幕。徐绾见钱镠有猛将驻守，连忙去请外援！

九月，徐绾火速和淮南势力田頵勾结，合谋取杭，如有神助！

杭州城危在旦夕，保德门边堆尸成山。

幸而田頵的顶头上司杨行密因为孙儒之难，还欠钱镠一个人情。钱镠派人前去和杨行密联姻，又送了大量奇珍异宝，把江淮和杭州两地捆绑成"命运共同体"。杨行密拿人手短，随即召田頵带军回江淮，杭州这才躲过一场劫难。

没了江淮势力的支撑，徐绾的造反"工作"难以为继。他带着残兵二三好容易熬到入冬，十二月正好杭州大雪，徐绾及其党羽因装备不足被俘。

徐绾兵变，最终以徐绾被斩杀于保德门前告终。

徐绾兵变，从秋到冬，曾一度染红保德门旁清澈的河水。

李白有诗："乃知兵者是凶器，圣人不得以而用之。"①

大意是，刀光剑影动辄白骨成堆，比不上世界和平，皆大欢喜。但理想很丰满，现实却向来骨感，城门之上，越是千疮百孔的印迹，才越是深入史书的肌理。

两百多年后，保德门又见证了另一场著名的烽烟战火——苗、刘兵变。

南宋：苗、刘反叛：一场过于仓促的兵变

南宋建炎三年（1129），苗、刘兵变。韩世忠的妻子梁氏从保德门疾驰而出，带回勤王军为宋高宗赵构解围。

已接近闭门时间，守城的士兵按例，正有条不紊地准备关闭城门，忽见一个短衣打扮的女人，背上绑着个小娃娃，飞驰至保德门前，大声喝道："开门！我有庆远军承宣使的急命！"

士兵看到女人拿着的正是庆远军承宣使苗傅的信物，急开城门。那女人一骑绝尘，驰向保德门外的宽阔大道。

---

① 李白：《战城南》，《李太白全集》，中华书局，2015年。

要细说这位骑马的女中豪杰是谁，还得把日历往前翻十天。

那日是宋建炎三年（1129）三月二十日。三月草长莺飞，春天的气息逐渐浓郁，是杭州最好的季节。这一天，历史上一场以仓促著称的叛变行动正在进行。

叛军的主角是两个贴身保护宋高宗赵构安全的将领——苗傅和刘正彦。苗、刘二人因不满内侍弄权，做了一番自认为缜密的筹划后，拉开围城反叛的序幕，准备强逼赵构禅位于年仅三岁的皇太子。

历来凡要兵变叛乱的，都会提前打好舆论战，营造良好的氛围，给兵变制造一个极为漂亮的名目。可能苗、刘二人认为自己远胜于史上众多"前辈楷模"，只单凭一腔热血和超强的执行力，就能兵变成功、位极人臣。

苗、刘兵变主要有两个大动作：一是以清君侧的名义诛杀了深受赵构宠信的宦官；二是大论赵构的荒唐之举，逼他禅位。当时赵构正为躲避金兵四处逃窜，这两件事情都没有太大的阻力。小皇帝成功即位，改年号为"明受"。苗、刘二人洋洋得意，自诩开国元勋，在各地颁发大赦令和诏书。

不声张还好，这一声张，前方诸将听闻兵变的消息，纷纷回军平叛。驻守平江（今江苏苏州）的张浚打算联合韩世忠、刘光世起兵勤王（勤王指君王有难，臣下起兵救援君王）。韩世忠救主心切，自请为先锋，挺进秀州（今浙江嘉兴），却因兵力不足，只能在秀州招兵买马，赶造兵器。

苗傅和刘正彦闻讯大惊，扣留了韩世忠在杭州的妻子梁氏及幼子韩彦古作为人质，妄图逼韩世忠就范。宰相朱胜非得知这一"绑架案"后，说服二将放走梁氏及幼子韩彦古，派他们前去招抚韩世忠。苗、刘二人四肢发达头脑简单，暗想：韩世忠宠爱梁氏，有她助力，还怕拿不下韩世忠这块难啃的硬骨头？

不料梁氏获救后，被隆祐太后召见。隆祐太后立刻封梁氏为安国夫人，命她速去秀州传令，让韩世忠尽快搬兵救驾。梁氏把韩彦古用布匹捆在背上，然后快马加鞭，急驰出保德门，从杭州赶了一天一夜的路，终于抵达秀州。韩世忠得到隆祐太后指示，直下杭州，迅速平定叛乱。

因为梁氏从保德门及时带出密令，赵构在这场仓促的兵变中，退位又复辟。掐头去尾十几日，苗、刘两人像大河中的小小水花，打了个跟头，就消失在大浪中。看似匆匆，其实对赵构的许多抉择都产生了深刻的影响。

苗、刘兵变让赵构意识到，辛苦逃亡实乃下策。不光招敌人白眼，还会让自己的兵看不起自己。所以苗、刘兵变后，军队及赵构本人的抗金情绪高涨许多，几场战争的胜利也为九年以后赵构能偏安东南打下基础。

宋绍兴八年（1138），东躲西藏，一度被逼至海上生活的赵构终于能喘口气，他几番衡量后决定定都临安（今浙江杭州）。

赵构打仗打怕了，定都临安的头一件大事就是加固城池。

在前朝完备的城防基础上，赵构派人几次整修城墙，挖气派的护城河，拿出一副要把京城建得固若金汤的架势。在这一场大型"国防建设"的运动中，保德门也悄然发生了变化。

首先是名字，南宋初年，保德门改名艮山门。

关于这个新名字的来历，说法不一。据《易经》记载：艮为八卦之一，意是"东北之卦"。城东北的小山就叫艮山，挨着城东北小山的门，自然叫艮山门。又有说法是，因旧都东京有"艮岳"，南渡之人就把这东北小山取名为艮山，有故国怀乡的念想暗藏其中。

不论哪个原因，艮山门都完成易名。宋绍兴二十八年（1158），艮山门被迁址到三里外的菜市河西，完成易址。

清：那个深夜，历史选择了艮山门

1911年，从朱瑞带领革命军从艮山门进城起，杭州的历史就此改写。

十一月四日，凌晨两点，艮山门往东三里的树林中，笕桥（即茧桥）大营盘八十一标代理标统朱瑞眉头紧皱，端枪凝目，一动不动地望着艮山门的方向。旁边的下属只见朱瑞仿若一尊雕像，却不想他此刻内心正翻江倒海。朱瑞心中紧张急切，这么冷的天气，汗水竟打湿他的后背。

林中极静，夜色深沉，忽见一个白色小点从远处歪歪斜斜地进入朱瑞目光锁定的航道，好像宽广海面的一艘小船。

等那白色小点越来越近，才看出是个提溜马灯的士兵，因左手臂上缠着白布，在夜色里显得格外醒目。

朱瑞当然认识那白布，在他的左臂上，同样也缠着一条白布。三步并作两步，朱瑞迎上那士兵，语气焦急铿锵："你们韩管带那边怎么说？"

士兵对朱瑞行了一个军礼，一字不错地复述韩肇基的话："韩管带说，按原计划，还是让八十一标先行，艮山门更易攻！"

"好！"朱瑞握紧枪支，用拳头短促地划了一下，激动得难以言表。朱瑞怕自己头脑发热失了分寸，急忙深吸一口气，让蛇似的冷气钻进肺腑。

朱瑞回身，压低嗓音对一千多号过命交情的兄弟们振臂："兄弟们！出发！"

众将士也纷纷举臂回应，手上白布仿佛晃出一道道光，照亮整个黑夜。

这手臂上的白布，正是杭州起义军的标志，到时是敌是友，一看便知！

朱瑞带着浩浩荡荡的千余人马，从三弯九转的走马塘向艮山门突入。除了士兵们的脚步声和枪支摩擦衣料的窸窣声，一路上整个队伍都静悄悄的。他们即将做的事情，不成功便成仁，每个人都把脑袋别在了裤腰上。

行至艮山门前百米左右，有一座半月形的月城。朱瑞老练地观察四周后，抬臂示意军队停下，再一招手，立刻有士兵上前听命。

朱瑞没有说话，只是在马灯微弱的光下打了个手语。

这是一个暗号，士兵会意，小跑去城门前。

众人的目光齐刷刷粘在这小兵身上，只见他没入黑夜，直贴向高大的艮山城门。

艮山城门有三层楼高，两扇实木门沉重无比，厚达六十厘米。推动城门绝非易事，要有两个壮汉才能办到。城门朝外的一面，规律地分布着馒头般的门钉，而城门里面，则是一根两头横抵门洞的门闩，粗如水桶，这些装置在冷兵器时代可以缓冲撞击。整个城门设计巧妙，外城门打开以后，还有内城门，内外城门之间，有四十平方的狭小空地。对于攻城者来说，最可怕的就是这小小的四十平方。如果内城门雉堞上有守兵的箭矢火铳射下来，任你是力大无穷的勇士也只有命丧黄泉！

在南洋陆师学堂进修过的朱瑞当然知道这些攻城风险，所以他早早地就做好了准备。

早在二十多天前，革命之火在武汉三镇点燃时，任笕桥大营盘八十一标代理标统的朱瑞，当即和志同道合的韩肇基、顾乃斌等革命志士暗中联络，在白云庵（今杭州雷峰塔遗址西侧）秘密会面，准备推翻杭州的腐朽清王朝势力。11月3日夜，上海革命成功的消息传来，杭州举城振奋，革命党人随即决定拉快革命"进度条"，把11月下旬的杭州起义，提前到当晚半夜。

视死如归的革命党人已经召开了名为"杭州攻略计划"的会议，经与会人员几番争论，详细的作战计划具体到各个细节。出席会议的众人都面露难以抑制的兴奋和激动，然而谈到谁做先锋队时，却纷纷陷入沉默。

大家踌躇之际，朱瑞站了出来。他年轻时就是个胆大的，干革命也风风火火。他本是新时代的一个平凡人，几年苦读之后又出国留学，命运虽磕磕绊绊，人生却乏善可陈。但在1911年的11月4日，他却因为这次勇敢的起立而被载入史册。

部署整个攻城计划的人详细介绍，起义军会以艮山门和武林门为突破点，带兵进攻清政府在杭州的心脏地带：旗营。

艮山门上埋伏着接应革命军的绿营官兵，用暗号敲击城门就有内应开门迎接。清朝初年，开城门的钥匙，汉人是没有权利掌控的。但到了晚清，朝廷军事防务形同虚设，卸门开门的权利，全落在了汉人绿营官兵手里。

守门的绿营官兵，并不是难以争取的对象。

话虽如此，但一切尘埃落定前，朱瑞一点也不敢大意，史上轻信诈降的前车之鉴可屡见不鲜。

朱瑞可不想落得身首异处的下场。他瞪圆了眼珠子，仔细留意百米外小士兵的敲门暗号：三声清晰的"咚咚咚"，又是三声，再三声。

整个军队，乌泱泱一片，却针落有声。

半分钟后，城门里终于有了动静，空气中传来一声拉长的"吱——呀——"。艮山城门大开，前来接应的绿营官兵高举缠了白布的手臂迎接朱瑞和革命军。

朱瑞内心原本还有一丝忐忑，担忧攻门会遇到抵抗。没想到，轻而易举地，全副武装的士兵们就涌入艮山门，先前鸦雀无声的军队瞬间像开水一样沸腾了起来。

"他奶奶的！这攻的怕不是个纸门！"看着空无一兵一卒的街道，朱瑞笑骂了句脏话，拔枪朝云开星现的天空放了一响，"亏我还煞费苦心，让顾乃斌去上海购办枪支弹药！那些头顶顶戴花翎的缩头龟怕是早就弃城逃跑了，怎么有工夫吃我们的子弹呢！兄弟们，给我直接杀进城去！"

驻杭的清朝官员懦弱不堪，从武昌起义起后就风声鹤唳，听到上海光复的消息更是吓得丢了半条命，有几个分量重的，连夜就收拾包袱弃城逃命，只留下一些不知底细的旗兵。

军队长驱直入，朱瑞不费一枪一弹，就率领八十一标冲进艮山城门。片刻后，攻城的接力棒交到了第二营管带韩肇基手里。韩肇基不负众望，一举攻占通往旗营的几个要点。放眼望去，武林门、涌金门、钱塘门、闹市口等地全是他的士兵，苍蝇都飞不出来。

另一边，朱瑞和第三营督队官俞炜带兵五路，赶到蒲场巷陆军小学堂门口，和王金发带领的敢死队会合，齐攻清军设在报国寺的军事重地——军械局。枪炮声中，起义士兵占领了军械局，随后即刻分兵直捣旗营，丝毫不给清军喘气的机会。

顾乃斌带领的八十二标起义兵全力以赴进攻巡抚衙门，王金发带领敢死队赶去增援。眨眼工夫，巡抚衙门上空已是火光一片。

满城飞灰中，天边微露一点白，红日升，寒雾散，霞光照着革命军满头的汗和呵出的白气。那代表清政府在杭州统治势力的巡抚衙门，在太阳升起的过程中渐渐倒塌。

艮山门旧地

> 艮山门：兴毁几何，是狼烟四起战火飞，是繁华丝织商业起

　　艮山门外的百姓见浓烟起，如过江之鲫，从洞开的城门欢呼涌入城内。清朝末年，朝廷腐败无能，艮山门外的百姓生活无以为继，难现当初诗人笔下"大船小船沿岸集"的繁华景象，他们格外欢迎革命军的到来。

　　天大亮时，杭州所有城门大开，百姓们宛如重获新生，沐浴在自由而新鲜的阳光中。

　　城门作为封建政权的依托，其政治意义不言而喻。每逢王朝更替，多少将士的身躯跌落城门脚下，只为守王城一寸平安。历朝历代，敌军攻入艮山门，不过是一个封建政权接替另一个封建政权而已，但是1911年，朱瑞的这一队人马涌进艮山门，却有非凡的意义。

　　因为艮山城门自从那天深夜被打开后，就再没关上，中国历史上沿袭几千年的帝制在杭州的势力被摧毁。

杭州也跟着历史滚滚的车轮不断向前，开启了新的篇章。

"唱唱唱，洋机响，洋机开了五百张；角子铜板不算账，大洋钞票来进账。"这首歌谣唱的便是民国时期从茅家埠迁出，选址建于艮山门火车站旁的都锦生丝织厂，也是这时杭州引进了第一台法式织锦电力机。

可以说，近代的杭州工业就是从艮山门外开始的，几乎所有杭州轻重工业都在这里诞生发展。如今，随着时代的变迁，许多旧日痕迹已渐渐消失，而"艮山十景"却一直留在杭人心中。

参考文献：

杭州文史研究会编撰：《民国杭州史料辑刊》，国家图书馆出版社，2011年。

司马光：《资治通鉴》，中华书局，1956年。

朝天门：穿越千年的朝天门记忆

钟毓龙《说杭州》载：钱镠在杭先筑夹城，后筑罗城，以此（朝天门）为起点。这门有六仞（古时七尺为一仞）高，连上城基有十一仞。宋代仍称朝天门，元大德三年（1299）改名拱北门，明洪武八年（1375），改名来远楼，后来又被改为镇海楼，楼上墙壁还有参政徐本手书的"吴山伟观"。明武宗正德年间（1506—1521），于其上置大钟一，大小鼓九，供朝暮报时之用，杭人便称之为鼓楼。因地势高而多火患，先后毁于火灾七次之多。

唐：钱镠筑罗城后，将新城戍改建为朝天门

隋开皇九年（589），隋朝取得了一系列的胜利，继高凉（今广东阳江）冼夫人降隋，南陈也在隋朝的铁蹄下灭亡。此时，自东汉末以来维系两百多年的分裂局面结束了，隋文帝真正坐上了天下共主这一宝座。之后，他大刀阔斧地罢郡置州，将钱塘郡拆分，设立杭州。

唐大中六年（852），杭州临安县一间民居中传来阵阵婴儿啼哭声。此时没有人会想到，这个新生儿日后会使杭州发生翻天覆地的变化。

这个婴儿的大名，后来响彻杭州、名传千古，他正是前文提到过的与杭州有不解之缘的"钱镠"！

钱镠出生时，曾经强盛的大唐已经每况愈下。等他能独当一面时，大唐江山经过连年战乱，更是千疮百孔，日薄西山了。

唐光启三年（887），钱镠因战功赫赫被任命为杭州刺史。当时江浙一带匪盗横行，为了让治下百姓过上安稳日子，钱镠开始在杭州展开大刀阔斧的改革。

唐大顺元年（890）夹城完工后，钱镠并没有停止施工，他被一个叫新城戍的地方吸引了注意力。

刘宋泰始年间（465—471），新城戍的功能就像它的名字，是一座兵营。南齐永明三年（485），义军首领唐㝢之正是在新城（今浙江富阳）揭竿而起，他带领四百多人进攻钱塘。支持他的百姓众多，所以没费多少功夫他就攻占了钱塘。之后，钱塘就被唐㝢之作为都城建立吴国，又将"新城戍"列为天子宫。

唐㝢之的根基过于浅薄，很快被萧齐政权镇压，新城戍又变成了军事据点。此后朝代更迭，历经风风雨雨的新城戍到钱镠面前时，已有些破败。

唐景福二年（893）的一天，钱镠站在吴山南麓的新城戍前。

此时天刚破晓，在日光照射下，吴山郁郁葱葱、云烟缭绕。钱镠深吸一口山间清新的空气，经过一夜安眠，此时他的头脑十分清醒。

虽然眼前的新城戍其貌不扬，可是钱镠的注意点并不在外表，而是这里的地理位置。

为了更好地观察周围环境，钱镠登上新城戍的门楼。向南望去，新修建的夹城在日光下熠熠生辉，护卫着城内百姓。一些早起的百姓已经开始辛勤劳作。西南方向的凤凰山风景宜人，也是杭州城的天然屏障。

在新城戍门楼上站了半个钟头，钱镠发现一个细节：城内百姓的数量已经比他刚任杭州刺史时增加不少，原先空旷的地方现在被一间间拔地而起的民居占据。

钱镠的目光在城中百姓的笑脸上扫过，一个新计划在他心中酝酿着。在战乱年代里，找一处安稳所在实在太难。他决定尽自己所能，为百姓在这乱世中创造一方净土。

此时的钱镠已经升任苏杭观察使，经过多年经营，势力逐渐壮大。他一声令下，钱塘、余杭、富阳等地的二十万民夫，以及石镜都、盐官都、清平都、富春都等十三都的士兵齐齐上阵，修筑罗城的工程轰轰烈烈地展开了。

四个月后，罗城修筑完毕，杭州城外围多了一道防线。

钱镠再次来到新城戍前，呈现在他眼前的，是一座模样大变的城门：城门由厚重的砖石层层垒砌而成；门上面静静地矗立着威严肃穆的门楼；武台宽敞，百余士兵在上面都不显得拥挤。整个城门与过去相比，已有天壤之别。

监督罗城修建工程的官员跟在钱镠身边，正在为他现场解说这城门的建筑过程。他一边娓娓道来，一边小心翼翼地观察钱镠的脸色，希望从面部表情中窥探出上司对这次工程是否满意。

但钱镠只是默默听着，没有发表意见，从表情上也看不出任何有价值的信息。

听了片刻后，钱镠走到武台转角处，踏上通往上方门楼的台阶。城门很高，他走了一阵才到达目的地。他在心中默默估算一番：这门大概有六仞，连城基在内，该是有十一二仞。

高有高的好处，那就是看得远。登上新城戍的钱镠视野开阔，看着这楼门下一片安居乐业的景象，心中涌出一股豪情，脸上也不由得带上了笑。

跟随的官员见此，一颗提着的心总算放下来，在心中嘀咕了句："看来这次差事没出岔子。"

钱镠看了会凤凰山的风景，又转身往北望去，这一望，让他想起一件事情。

常言道："乱世出英雄。"但并不是所有的英雄，都能推翻旧朝，建立新都。有野心而没有实力的"英雄"，最终只会像昙花，短暂开放后就退出历史舞台。

钱镠可不会这样。他深知虽然自己在吴越拥有一定根基，却远远达不到称皇立国的地步。所以尽管唐朝末年各地藩镇势力纷纷脱离中央，自立为帝，他却始终保持清醒，没有南面称帝。

怎么表示没有称帝之心，让朝廷对自己放心呢？钱

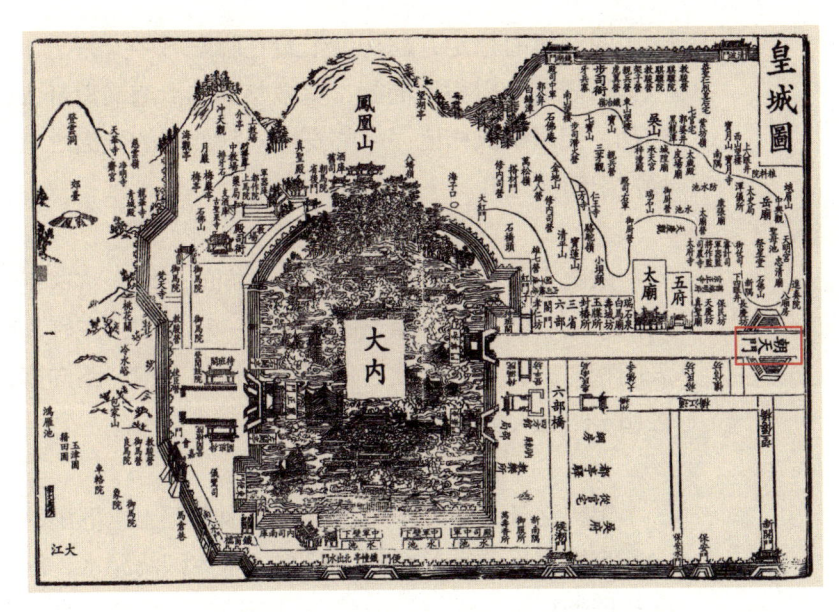

《咸淳临安志·皇城图》中的朝天门

镠望着北方,一个想法在心头浮现:把脚下的新城戍称为朝天门,以此来表示自己对朝廷的恭敬。

朝天门的名字就此被定下来,等到南宋建都临安后,朝天门又有不忘北宋都城东京(今河南开封)的新寓意。

南宋:御街上的朝天门成了各种消息的集散地

御街让朝天门成功转型为新闻集聚地,而李二郎就是最好的记者。

太平兴国三年(978),吴越国王钱弘俶决定遵从钱镠"一旦出现名主,立即归顺"的祖训,毅然"纳土归宋"。宋绍兴八年(1138),宋高宗赵构从抗金前线建康(今江苏南京)返回临安府,并正式定都于此。

成为一国之都后,临安城迎来自己建城史上最为璀璨耀眼的时代。

时局暂时稳定，赵构就忙着在临安城中大兴土木。气势恢宏的宫殿拔地而起，宽敞整洁的街道铺设开来，店铺、民居鳞次栉比……临安城一扫此前的颓废之气，焕发出勃勃生机。

宋高宗看中位于凤凰山东南方向的子城，将这里定为南宋王朝的皇城。皇城的北门——和宁门，正好与朝天门相对。每天，文武百官都会穿过朝天门一路向南，经和宁门进入皇城上朝。

起初这条道路并不平整，且有很多泥土。下雨时，一些家境富裕的官员会乘坐马车，避免脚沾泥水。但生活拮据的官员对此就没办法，只能撑着一把伞，小心翼翼地避开路上的水坑。

经过朝天门，离皇城就不远了。即便是"土豪"官员，大张旗鼓地乘着车轿影响也不太好，还是要下来步行一段距离。故而，皇城中的公务员们上下班难免会踩到泥水里。

上朝时，宋高宗高坐在大殿之上，将底下百官的动作看得明明白白。一个官员出列上奏，说的内容是什么他没听清，倒是盯着大殿上清晰可见的泥脚印出了神。

"为了彰显皇家威仪，必须把和宁门外的这条路好好修一修！"宋高宗说到做到。一条整洁、宽敞，还具有排水功能的新路——御街，就出现在南宋的历史舞台上。

御街就像一条纵穿南北的白练，从中轴线上的朝天门穿过，好似将整个临安城一分为二。朝天门以南是百官衙署和大内，以北则是临安城人生活的市区。

朝天门成为一座标志性建筑，以此为界，临安城被分成威严肃穆与人间烟火的两个世界。

时间飞逝，一晃眼，宋宁宗赵扩就登上了帝位。

御街两侧河道之外店铺排得满满当当，整日里人声鼎沸，朝天门前也热闹非凡。

进了朝天门，南侧不远处就是南宋朝廷的进奏院。各地官员到临安朝见官家，或者办理其他事务时，经常要与进奏院往来。进奏院还兼职官方快递，每当中央有政令需要颁布，进奏院中的官员必须第一时间将政令刻成雕版，转而运到各地交给地方官。

至于临安城中的人想要得知朝廷的最新消息，就更方便了。进奏院发布的"朝报"第一时间就会张贴在朝天门上，供人观看。

有了官方报纸，相应就有八卦小杂志。一些小道消息也从进奏院中流传出来，什么官家今日心情甚好，多吃了几块点心，上朝时有个官儿在大殿上打了个哈欠……五花八门，什么都有。

为了满足临安城居民对于新八卦的渴求，临安城的众多"记者"整日里蹲守在朝天门附近，一见那门上贴出告示，就迅速蜂拥上前查看。看完后，他们会对这些消息进行评估，然后迅速筛选出一些有看点的信息，在心中默默盘算怎样发挥这些消息的价值，从而获得最大利益。

别以为这行当做起来很轻松。实际上，要从这海量的信息中筛选出大家感兴趣的，那可不容易。

李二郎就是一个依靠搜集、传递消息谋生的"消息子"。他是临安城的土著居民，但他出生时，临安就已经成为南宋都城。在富庶繁华的环境中长大，他没吃过什么大苦头，也不愿吃苦。

父亲希望李二郎通过科举跻身官场，光耀门楣。可他拿起书就犯困，放下书就精神，别说进入官场，就是一个秀才他也考不上。为这，李二郎不知挨了多少揍。

打也打了，骂也骂了，李二郎软硬不吃，仍旧整日游手好闲，就是不干正事。

眼见儿子实在不成器，李父实在没办法，只能放任自流。好在李二郎废得并不彻底，自有一番谋生本事。

李二郎打小就在临安城中走街串巷，经常出入勾栏瓦舍，加上他为人圆滑，自有一番获取消息的渠道。

宋嘉泰四年（1204）十二月，李二郎从朝天门上张贴的朝报中得知，官家第二年要改元开禧。从这一消息他敏锐地察觉：朝廷对金国的态度变了。

何为开禧？这开禧的"开"取自宋太祖赵匡胤开宝年号的头一个字，"禧"取自宋真宗赵恒天禧年号的后一个字，取这么个年号，官家主战的心思已经很明显了。

其实这种转变早有预兆。自官家登基以来，金国的存在感就越来越强。从朝天门上张贴的告示，以及门里面递出的各种小道消息中，李二郎已经隐约感觉到宋金两国的关系变得紧张起来。

李二郎又想到今年四月时，他从朝天门上看到的一则消息：死去多年的岳飞被官家追封为鄂王。

岳飞的大名，这临安城中何人不知，何人不晓？那可是个大英雄！可惜英雄却被奸臣秦桧所害，城中百姓说起这件事，无不咬牙切齿、扼腕叹息！

李二郎也十分崇敬这位英雄，听到官家追封岳飞的消息后很高兴，和几个朋友到酒肆喝了一夜酒。第二天日头升得老高，他才摇摇晃晃地回家，险些被老爹一顿暴揍。

"幸亏我机智过人，在老爹动手前将这个好消息告诉他，这才躲过一劫！"李二郎想到这，悄悄为自己点了个赞。

别看李父平时总是端着架子，摆出一副威严的模样，但李二郎这个小机灵早就摸清了他的性子，知道他是岳飞的铁粉一枚。

听到岳飞被追封的好消息，李父不但没有因为李二郎彻夜不归给他一顿"竹笋炒肉"，还破天荒地给了他一个笑脸。

平日里棍棒见惯了，突如其来的笑脸反而令李二郎浑身不自在。原因无他，长这么大，李二郎还没见李父这么"慈祥"过。

让李二郎高兴的事情还在后面。

宋开禧二年（1206）四月的一天，他像往常一样，晃晃悠悠走到朝天门外。和几个等在那里的熟人打过招呼后，李二郎抬头看向朝天门外贴着的各种消息。

他的目光在贴得满满当当的"纸片儿"上扫视一遍，各地的传闻、坊间的趣事、招工的广告、寻人的告示……海量的信息从他的脑海中飞速掠过。

但也不是所有没有价值的信息都会被他无视，有时候他会被上面贴着的几句歪诗吸引过去，然后哈哈大笑几声，这歪诗就成了他与朋友喝酒时的谈资。

这时，一个小吏拿着一张朝报从朝天门里出来，人群顿时一阵骚动。等那小吏贴好朝报退开后，大家都一窝蜂地涌到下面，伸长脱子往朝报上看。

李二郎一个趔趄没站稳，被挤到人群后方。无奈之下，他只能一边往前挤，一边从人们的议论中听些只言片语。

突然，那看告示的人情绪激动起来。一个上了年纪的人面色通红，大声念了起来："秦桧纵敌，导致数代忧患，他就是这罪魁祸首！"

"好啊！好啊！这秦贼也有今日，岳元帅，可叫小老儿等到这一天！天爷！你可算是开了眼！"

围观的人群中有拍手顿足的，有大笑大哭的，百人百样。

李二郎这时总算挤到告示前，他抬头往那告示上瞧去，上面写着一个令他振奋的消息：当初秦桧陷害岳飞，死后还封了王爵，如今真相大白，官家要废除秦桧的爵位，还将原来的"忠献"改为"谬丑"。

看到这里，李二郎欢喜极了。他拨开人群，飞快地往家跑去，想早点和父亲分享这个天大的好消息。

明：刚刚修好的镇海楼又被烧了，胡宗宪表示："我再来修！"

抗击倭寇的胡宗宪总不忘重建镇海楼。

在杭人心中，朝天门具有特殊的地位。千余载时光的陪伴，已经使朝天门融入杭人的生活，成为杭人记忆中不可磨灭的一部分。

宋亡元兴，杭州城外围的城门被拆毁。不久，昔日富丽堂皇的南宋皇宫也在一场大火中被焚毁殆尽，渐渐湮灭在历史长河中。只有朝天门依旧矗立，默默地俯瞰杭州城中的一草一木，只是改了个名字叫拱北楼。

明朝，拱北楼前后又经历两次改名。第一次改为来远楼，第二次改为镇海楼。一开始杭城人对朝天门的新名字还很陌生，随着时间流逝，这镇海楼的说法就渐渐深入人心。

明朝嘉靖年间（1522—1566），东南沿海地区倭患愈演愈烈，浙江成为倭寇侵扰的重灾区之一。

为了将沿海百姓从水深火热的处境中解救出来，明嘉靖三十三年（1554），明世宗朱厚熜钦点胡宗宪担任监察御史巡按浙江，希望他能剿灭贼寇，安定东南。

胡宗宪能力极强，去往杭州不久就将沿海倭寇之事处理得极好。世宗非常欢喜，答应给他升职加薪，将浙江、福建与南直隶的兵务全交给他打理。

胡宗宪将府衙开设在杭州。因战事随时变化，他忙得不可开交。尽管如此，胡宗宪还是将注意力分出一份放在镇海楼上。

历史上杭州城曾爆发多次火灾,烧毁不少古迹,镇海楼也没能幸免于难。明嘉靖三十五年(1556),被焚毁的镇海楼在众人的齐心协力下,以崭新的面貌出现在杭州城百姓面前。

然而,镇海楼上的钟鼓还没敲响几次,九月又不幸发生火灾,可把大家心疼坏了。

大火熄灭后,胡宗宪来到镇海楼周边视察:原本巍峨高耸的楼阁被烧得黑黝黝一片,有些地方还隐约可见此前精心雕琢的藻饰花纹;上百根立柱在大火的洗劫下断裂大半,连带着屋檐也塌陷下来;缕缕青烟从灰烬中冒出。整个镇海楼不复此前高宏壮丽的模样。

胡宗宪本想立即着手重修镇海楼,但一时腾不出手来,原因是海盗又来袭扰浙江沿海地区,他得迅速前往嘉兴统率兵马,征讨贼寇。

胡宗宪想:虽然镇海楼重修一事十分必要,但百姓的安危更为重要,军情紧急,等我回来再解决镇海楼一事吧!

就这样,胡宗宪带领部下匆匆赶赴嘉兴,筹划剿灭倭寇的事情。

经过多日与敌人斗智斗勇,抗倭大业取得阶段性胜利。胡宗宪带着老百姓的感激回到杭州,这下他总算能够将重修镇海楼的工作提上日程了。

说做就做,胡宗宪召集杭州的多位官员,在府衙中召开一场"重修镇海楼"的主题会议。

作为会议的主持者，胡宗宪首先开口："大家都知道，这杭州城中的镇海楼刚刚修好又被焚毁，我想将它重新修建一番，诸位意下如何？"

底下的官员先是安静地思考片刻，然后就和左右交好的人议论起来。

过了一阵，一个官员按捺不住开口说道："大人，此时重修镇海楼是否有些操之过急？虽在大人的英明领导下，海上贼寇望风而逃，暂无力卷土重来。但其盘踞海上日久，已成气候；反观我方军士对海事较为生疏，难以将贼人根除，一旦其恢复元气，又将袭扰我沿海地区。如今是否应将全部精力放在剿寇上？"

等那官员说完，胡宗宪沉吟片刻后才询问："其他人的想法呢？"

"大人，下官也有相同担忧。如今平倭事大，实在不宜劳民伤财，修建镇海楼是否应该暂缓，等时局太平再议呢？"

"是呀，是呀，如今朝廷对海盗作乱一事十分重视，我们应该将精力放在剿灭倭患上，那镇海楼损毁严重，并非短时间内就能修好，不可操之过急啊！"

……

胡宗宪坐在主位上认真聆听下方传来的各种声音，等府衙内重新安静下来，他才清了清嗓子，说："倭患未平，诸位的担心都有一定道理，然而镇海楼的地位同样重要。镇海楼位于杭州城中，截断吴山山麓。登楼环顾，皆是名山大海。钱塘江朝夕可见，百万户民居尽收眼底，园林齐聚、市集密布。这些景致唯有登上镇海楼才可看尽。镇海楼高耸，有腾飞之状，俯瞰压制蛮夷之地的气势。东面的番邦向朝廷进贡途经杭州时，经常要瞻拜镇海楼才肯离开。镇海楼历史悠久，已经成为当地百姓生活的一部分，被焚毁原本就令人失落，再让它荒废着，如何能昭示我大明天下太平、愉悦友邦呢？"

听了胡宗宪的话，底下的官员纷纷思考起来。

胡宗宪见状，又接着说下去："除了这些原因，还有一点也很重要。正德年间为了造福百姓，这镇海楼上放置一口大钟和九面鼓，供朝暮报时之用。自此，杭城人依据镇海楼上传来的钟鼓之声安排作息，至于耕种、捕鱼等相关事宜，也依照镇海楼的提示而行。久而久之，这镇海楼就有了鼓楼之名。"

"如今镇海楼上所储存的钟鼓、刻漏等器具，以及一年四季气候的名录在大火中被焚烧殆尽。如此一来，百姓茫然不知时日，也不清楚节气，无法利用天时。镇海楼一失，城中百姓生活多有不便，还是早日恢复旧貌为好。"

"还有一点，吴越王钱镠时此楼名朝天门，有向朝廷表示诚服之意。当时占据浙东的方国珍在向高皇归降时，也借用了钱王典故，此后守土一方，使天下早日安定、百姓免受战乱之苦。如今海上贼寇横行，硬拼损失太大，应该智取。这样看来，就要恩威并施，让他们知道钱王的故事，像方国珍一样向朝廷请和为上计。在我看来，早日让镇海楼再现昔日风光是当前诸多事务中最紧要的一件，诸位怎么看？"

那些官员听完胡宗宪一番分析后，都改变原来的看法，纷纷开口表态："大人所言甚是，下官之前思虑不周！"

胡宗宪看大家此时对重修镇海楼没什么异议，心中愉悦，立马安排人去做这件事。

为尽量减轻百姓负担，胡宗宪带头捐献银两用于镇海楼修建事宜。底下官员看上司都做出表率自掏腰包，也纷纷慷慨解囊。杭城中家境富裕的百姓也积极地出钱出物，为朝廷的民生工作添砖加瓦。

在众人的齐心协力下，镇海楼的重建工作很快有条不紊地展开了。

亭台楼阁已修建起来，钟鼓也重新安置上……镇海楼在杭城百姓的见证下一天天恢复昔日的恢宏大气。

胡宗宪很忙，刚开始修镇海楼时，他还有时间亲自监工，后来倭寇又来作乱，他只好去调兵讨伐。就这样，

新鼓楼

东征西讨几年，倭寇的主力部队被消灭，剩下的残兵又被打怕，失去卷土重来的力量时，镇海楼也完美竣工。

胡宗宪走到焕然一新的镇海楼前，听着楼上传来的钟鼓之声，他哈哈一笑："如今海治太平、百姓安乐，这楼也修好了，镇海，镇海，果然不负其名！"后来，胡宗宪还请当时有名的文学家徐文长为镇海楼撰写了《镇海楼记》，立碑于鼓楼旁。

如今位于吴山东面，南接十五奎巷，北临大井巷，东是中河路，西靠伍公山的鼓楼乃后来杭州政府重建的，当时特意仿照明代鼓楼二重檐歇山顶风格，采用五开间，用木斗栱作装饰。为了保护原来的城墙遗址，还将鼓楼城基部分抬高架空，避免压迫旧城墙。

重建后的鼓楼如今已是杭州的地标性建筑之一，它立于吴山东面，与西面的城隍阁遥遥相对。

参考文献：

阙维民：《杭州城池——暨西湖历史图说》，浙江人民出版社，2000年。
王建华：《钱镠与西湖》，杭州出版社，2005年。
张岱：《西湖梦寻》，中国画报出版社，2017年。
毕沅：《续资治通鉴》，内蒙古人民出版社，2008年。

钱塘门：一千四百年风花雪月与金戈铁马中，唯一未改名易地的城门

清：太平军兵围杭州城，锡箔工助守钱塘门

历史的车轮轰隆隆地驶过，临安城的钱塘门依旧坚固如昨。自清兵入关，钱塘门也被纳入旗营后，又是数百载光阴倏忽而逝。

西湖边上的香市依旧举办得热闹非凡，从各地来杭州进香的百姓络绎不绝。

香市上，随处可见卖锡箔元宝的摊贩，那些摊位上用锡箔纸做出来的银锭在日光的照射下闪闪发光。

杭州城内有很多锡箔工坊，除了固定的工人，很多乡里的农民为多赚些钱补贴家用，常会在农闲时节到杭州城里的锡箔工坊做工。

锡箔的制作工艺很复杂，打箔是其中一项重要流程。打箔的工人都是有一把好力气的汉子，每天不知要把那大锤挥动几千次。打箔工是计件付费，为了能多出些高质量的成品，他们每天埋头苦干，不停挥舞铁锤。

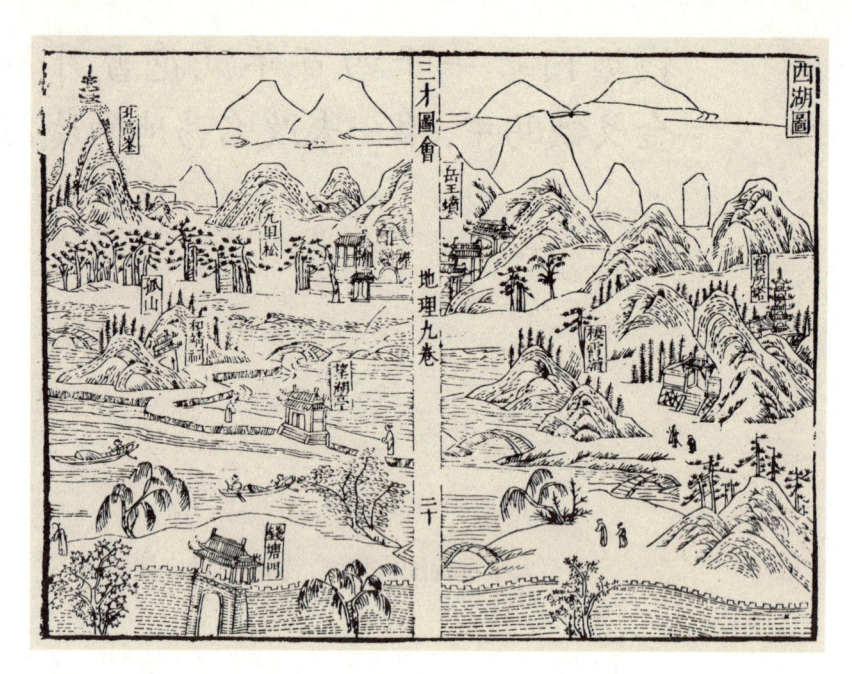

《三才图会·西湖图》上有钱塘门

　　因长时间的体力劳动，锡箔工人们都锻炼出一身健硕的肌肉。这为不久后的一场胜利创造了条件。

　　清咸丰十年（1860）正月刚过，杭州城内还有年味留存，但是毛礼云却从城楼上异常的官兵调动中感受到风雨将至的气息。

　　看着城上增添的驻防官兵，毛礼云蹙起眉头，匆匆向家赶去。到家后，他找来弟弟毛福年、毛杰子、毛起龙，将心中的隐忧讲了出来。

　　"通过这几天的观察，我发现杭州城可能将陷入战乱，咱们还是早做准备为好。"等众人坐定后，毛礼云低低地对弟弟们说。

　　"大哥，这话可不敢乱说，小心叫那官兵听到，给你安个妖言惑众的罪名！"毛福年首先开口。

"大哥一向稳妥，没有根据必不会胡说，且听听大哥是如何判断的！"毛杰子很相信大哥，一双大眼盯着毛礼云，希望他能讲讲这样说的原因。

毛礼云看了弟弟们一眼，沉思片刻后开口说道："不知你们可有注意，近来旗营中的官兵调动比以往频繁许多？"

毛福年摸了摸脑门："好像是这样，不过也许是在演习呢！"

毛礼云说："不可能是演习。往年演习时我也见过，这段时间城门处的盘查都严几分。凭我的经验，定是有变故发生。听说城外太平军闹得很凶，而且离杭州城不远的金陵（今江苏南京）早已被攻下，做了他们大本营，还改名叫作'天京'。当今皇上对太平军恨之入骨，花了大力气剿灭这些叛贼。前不久，我听说清兵已经把天京围住，想一鼓作气端了太平军的老巢。但是你们仔细想一想，太平军盘踞天京已久，收买了一些人心，并不像以往的流民作乱，已有一定根基。兔子急了还会跳墙，太平军又不是纸老虎，怎么会任由清兵宰割。咱们杭州作为浙江首府，担负着为清兵提供饷银的重任，就怕那太平军惦记上咱们这块地盘。我看近来杭州城中气氛已经不对，不早做准备，一旦战事真的发生，那我们可就抓瞎了！"

一直没有开口的毛起龙一拍大腿："大哥分析得很有道理。我听一个兄弟说，他因生产锡箔的原料不足，前些天出城去进些锡块、纸花，听那卖货的人提醒，让他最近不要往北面去，那边正和太平军交火，怕不是要往这杭州城来？"

"这更加印证了我的判断，如果是这样，咱们现在才做准备，怕是已经有些晚了。"毛礼云听弟弟毛起龙这样说，眉头皱得更深。

毛福年有些慌神，站起身来，在屋子里走几圈："这可如何是好，大哥，你说我们要不要赶紧收拾东西，逃出城去？"

"逃？往哪里逃？如果太平军真的快打过来，逃出城反而更容易遇上，且咱们家中几十口人一起走，这兵荒马乱的，可不是太平时节走亲访友，那是要出人命的！"毛杰子反驳道。

"那我们就在这城里什么都不做，坐等那贼人攻进来？我可是听说这太平军一路烧杀抢掠，可不是什么心慈手软之辈！"毛福年越走越慌，干脆不走了，又坐下来，对毛杰子说道。

毛杰子还想开口，毛礼云摆摆手，制止了他："逃出城是不行的，倒不是我舍不得家中的财物，而是正如杰子所说，现在城外是什么情况，我们摸不清楚。贸然出城，万一真碰上太平军，那就惨了。就算遇不到太平军，遇到溃败的清军也要遭殃，这一乱起来，受苦的都是咱们百姓。"

他顿了顿，目光坚定地说："但是我们也不能干等着。据我观察，近日兵力明显不足，虽然这些时日城上增加了几百兵丁，但是一旦太平军到了杭州城，没有官军增援，这杭州城很大概率是守不住的。起龙，等明天天一亮，你就去锡箔工坊一趟，召些熟悉可靠、拿得住主意的箔工,将风声稍稍地透一透。如果太平军真的来攻杭城,还需要兄弟们出把力,助那军官守住咱们杭州城。杰子,你口才好,悄悄地去与咱家交好的人家,募集些钱粮来,不过千万不要声张,免得引起城中混乱。至于福年,你有些莽撞,我不是很放心,就跟着我,帮我好好筹划怎样才能度过这场劫难。你们看如何?"

虽然话是对不同人叮嘱的,但毛礼云只去看毛福年,他知道其他两人对自己的安排不会有什么异议,毛福年可能会有些不满。不过好在毛福年知道事情轻重,虽然对大哥说自己莽撞有些意见,但还是听从安排。

几人回去后,各自按照安排行动。第二天晚上,又聚集在大哥毛礼云家。

毛起龙一坐下,就迫不及待地开口:"大哥,我今日去召集箔工时,遇到丁申、丁丙兄弟。许是行动不够周密,叫他们看出些端倪。我仔细考虑一番,觉得丁家兄弟为人可靠,就将这件事告诉他们。他们听说后,自告奋勇,帮我一起劝说那些箔工,今日已有十几个箔工认可我们的计划!"

毛礼云很高兴:"丁家兄弟的性格我很了解,有他们的帮助,这计划就更为顺利。杰子,你那边情况如何?"

毛杰子看上去并不高兴,果然,他一开口就是抱怨:"大哥,你不知道,平日里我们毛家和那些人关系都不错,按理说借些钱粮应该不在话下。可是今日我上门去,个个推三阻四,就是不松口。我又不敢把大哥的计划和他们讲明,打了一圈太极,只得了几石粮食。"

毛礼云沉吟片刻,开口道:"不急,这事还要慢慢

钱塘门（老照片）

来，我们大家都想想办法，总有解决之道。这样，今日天色已晚，大家早些回去，短期内我们也不要再聚。多做些准备，如果有什么拿不准的地方，或是有什么变故，再来我家商讨。"

众人散了后，毛礼云望着窗外沉沉的天幕，长叹一声："希望这场战事不要发生，让我们白忙活一场也乐意啊！"

尽管毛礼云十分不愿自己的担忧成真，但他们的一番筹谋到底还是派上了用场。

清咸丰十年（1860）三月十一日，太平天国的忠王李秀成率领六七千太平军打到了钱塘门外。杭州将军瑞昌自旗营登上钱塘门,从城楼上往下一望。只见那城外乌压压一片,西湖边上到处都是太平军。瑞昌心里那叫一个急!他已在钱塘门上守了半个多月,求援的信不知发出去多少封,左等右等,就是等不来援军。

但是太平军可不会给瑞昌机会召齐兵力再发动攻击,清兵人越少,他们才越高兴呢!

两方战争很快展开。瑞昌指挥着为数不多的驻防营官兵,拼了老命抵挡太平军的进攻。无奈太平军人多势众,眼看着自己这边落了下风,将要败下阵来。

瑞昌正感到绝望:"只怕这钱塘门我是守不住了!"忽听得钱塘门内传来一声大喊:"将军莫急!草民和众锡箔工兄弟一起助将军守住钱塘门!"

瑞昌向声音传来的方向看去:好家伙!那城门内墙根底下围着数千名壮汉,他们手中有的拿着棍棒,有的握着铁锤,还有的随便寻些趁手的工具充当武器,齐齐预备来助自己守城。瑞昌大喜过望,急忙派人将这些锡箔工带上城楼,安排好位置守城。

这带领锡箔工赶来助阵的,正是毛氏兄弟和丁氏兄弟。前段时间他们磨破嘴皮子,总算说动数千锡箔工来帮忙守城。为了保护城内的百姓,也为了保住自己的生计,这些朴实的汉子奋不顾身,死守钱塘门。

因这批生力军的加入,已经显出颓势的清兵又焕发了生机。太平军见锡箔工人又多,又敢拼命,都有怯意,不敢久战,纷纷退去,旗营因而在这场战争中得以保存。

虽然此时钱塘门仍在,但还是在 1913 年与旗营一并被拆除。失去了钱塘门，西湖与杭州市区就此连通。幸运的是，钱塘门的故事并未终结，它于2008年被考古工作者发掘，于2011年入选了世界遗产名录杭州西湖的24个核心景点组成部分。

参考文献：

邹爱莲、冯少平编：《杭州太平天国档案史料》，中国档案出版社，2007年。

王国平总主编：《杭州文献集成》，浙江古籍出版社，2012年。

清波门：清风微波，门里门外那些事儿

据《乾隆杭州府志》记载，清波门在杭城西南方向，内外都属于钱塘。清波门诞生于钱镠修筑罗城，从西湖一直到雷峰塔前，这座城门初名为涵水，到宋朝才更名为清波。

南宋：清波门里住着南宋的顶级画师

南宋时期，刘松年这位顶级画师深受宋宁宗喜爱，他的绘画灵感曾来自家门外的清波门。

南宋定都临安后，城内百姓经过一段时日的休生养息，已经从战乱的阵痛中摆脱出来。文人雅士、商贾名流纷纷聚集在临安城这个繁华的大都市，天子脚下又呈现出一片盛世景象。

清波门位于临安城西南方向，附近古迹颇多，引得好些爱好风雅的诗人墨客和书画家纷纷来此赏玩。这些人经常往清波门跑，来来回回很不方便，有人索性就把家安在清波门附近。所以清波门多出艺术家，南宋顶级画师刘松年就是其中之一。

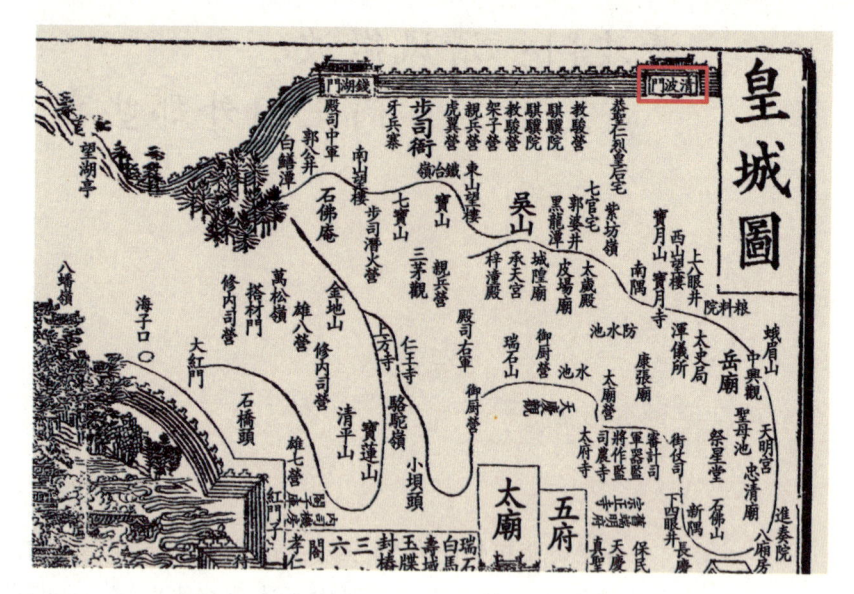

《咸淳临安志·皇城图》中的清波门

刘松年最近心情很是愉悦。前不久，他将自己辛苦绘成的《耕织图》献给了当今圣上——宋宁宗赵扩。

《耕织图》献上去，赵扩并没有立即打开，他心想：自高宗大力推崇《耕织图》以来，同类型的画作实在是太多，估计这一幅也没什么与众不同的，我还有这么多工作要忙，等闲时再看吧！

可怜刘松年还在苦等来自大内的消息。每天不时想着：若官家也喜爱自己的画作，那自己作画也更有信心。今日既无信来，还是先去清波门外散散心，也好找找灵感。

一天赵扩好容易批完书桌上堆积如山的文书，伸了个懒腰后，他终于想起了刘松年的画，命人去库房找出那幅《耕织图》。

一开始赵扩瞧着画还有些漫不经心，但不一会儿他就坐直了身子："妙啊！妙啊！这幅《耕织图》竟如此清新典雅。刘松年不一般，我定要重重赏他！"

第二天一早，刘松年刚到单位——皇家画院，就收到赵扩御赐的金带。将要下班的时候，赵扩还亲自来慰问他。看着同事们羡慕的眼光，刘松年心里美滋滋的。

得到皇帝的褒奖，刘松年的干劲更足了。他知道赵扩公务繁忙，少有假期，而且经常彻夜工作。作为臣子，刘松年很想为皇帝分忧解难，但是朝堂政事不是他的长处，还是要从自己的本职工作入手。

赵扩喜欢游山玩水，但是身为皇帝，受到的限制实在太多，就是想去游游西湖，也常常不得空闲。

刘松年贴心地想："官家不能经常出城，但是我可以，我家离清波门不远，几步路的工夫，就能出城。出得清波门，就是皇家最大的御花园——聚景园，往左，就是雷峰塔……我可以发挥所长，将那些精妙的园林、动人的风景、集市上的百姓画下来，呈给官家。这样一来，官家不用出城就能欣赏到城外风光。"

说做就做，原本刘松年就喜欢往清波门外跑，这之后跑得就更勤了。

这日天还蒙蒙亮，刘松年就已经收拾妥当准备出发。他叫几个仆人帮他拿绘画工具，准备去城外采风。

昨夜临安落了场雨，清晨时才停歇。刘松年推开门向外望去：树叶被雨水清洗后越发青翠欲滴，鸟儿在枝头叽叽喳喳叫着，还时不时用嘴去梳理沾湿的羽毛。池子里栽种的荷花开放，花瓣上滚动着大颗雨珠，坠入池中发出叮咚脆响。

刘松年在临安长大，清波门附近他已经熟得不能再熟，但每天出门仍然习惯性地在周围溜达溜达。

他在院子里转了一圈，招呼仆从一道，就顺着清波门直街出了城。

一出清波门，就热闹多了。天色还早，门外已经挤满百姓。担着柴叫卖的山民，与那讨价还价的人挤满道路。

刘松年侧着身，小心翼翼地往人群缝隙走，就是这样，还被踩了几脚。走出几百米，那热闹的声响还回荡在耳边。

挤出人群，被西湖上的晨风一吹，他整个人都清醒不少。清风徐徐，湖面上波纹浮动，正应了那"清波"之名。

一行人在西湖附近逛了园林，登了楼阁，拜了菩萨，赏了风景。

抬头看看天色，已经不早了，刘松年让仆人收拾好

刘松年《四景山水图卷之夏》想必就是清波门外的美景

工具，以及逛街时买的焦蒸饼、糖叶子、豆团等吃食，站起身活动了一下筋骨便顺着原路返回。

这一天，刘松年将该看的都看了。他心中愈发爱这临安城，爱他所住的清波门。同时也颇有些纠结，清波门的风光如此美丽，不知自己是该从微处入手，还是来一幅宏观的图景？想了半天，夜已深了。罢了，一幅画也不是一时半刻就能完工的。那清波门就在屋外，明日又去也未尝不可！清波门，咱们来日方长！

清：昨夜风不大，却吹倒了清波门楼

一晃眼，数百载过去，朝代更迭、时移世易，唯有那流福沟（杭州古河道）一直将西湖水源源不断地通过清波门往杭州城输送。

清波门上，矗立着威严肃穆的门楼。日日夜夜，都有官兵巡逻，守护着门后杭城百姓的安宁。这门楼经历年复一年的日晒雨淋，仍然巍然不倒，却不知为何在一阵并不大的夜风里遭了殃。

清咸丰年间（1851—1861），一向坚固的清波门被一场大风吹倒了门楼。没了门楼的清波门被太平军忠王李秀成选为突破点。不久，清波门陷落，杭州城落到了太平军手中。

此时是大清咸丰皇帝爱新觉罗·奕詝坐江山，但这咸丰帝过得那叫一个憋屈。一般新皇即位当年，为表对先皇的尊重不会改年号，等翻过年去才换个新年号以示区别。年轻的奕詝也不例外。

十九岁时，奕詝接了道光帝的班，第二年咸丰年号新鲜出炉。可惜还没等奕詝好好施展自己的雄才大略，建立一番功业，就成了救火队长。

这年，大清王朝国土内，爆发了太平天国起义。这意味着，咸丰元年也成了太平天国元年。在位期间，咸丰帝一直和太平军斗智斗勇。但这火着实不好灭，往往是那里的火扑灭，这里又燃起来。整体上看，火势不但没有减小，反而越烧越旺，火情愈发紧急。

在咸丰帝这个救火总队长的带领下，清朝各地涌现出大大小小的救火小分队，姚舆就是其中一队的负责人。

清咸丰九年（1859），太平军的大本营天京城南面正一副营垒层叠、壕沟纵横的样子。这是清廷围剿太平军的主力部队之一——江南大营，正在进行军事演习。

虽然江南大营兵强马壮，给太平军制造了不少麻烦，也因此成为洪秀全的心头大患。但近两万人每天的吃喝花销对主帅而言可是个天文数字。

眼看着大军的库存就要清空，主帅和春再也坐不住了，急忙派姚舆到浙江粮草基地补货。

姚舆一接到任务，就马不停蹄地赶往杭州，一番奔忙，总算把这事办妥。

回程的前一天晚上，姚舆躺在被窝里，翻来覆去睡不着觉，正有些焦躁，忽然听到外面刮起了风。

他听见屋外的风刮过几轮，又响起淅淅沥沥的雨声。再一睁眼，天已经大亮。姚舆睡了个美美的觉，心情很是愉快，但这好心情只维持片刻就消失得无影无踪。

他洗漱完毕，就向主人家许秋芦辞行。许家与姚家世代交好，姚舆与许秋芦相识多年，关系亲厚。许秋芦让仆人摆上茶点，招呼姚舆边吃边聊，聊着聊着，两人的话题就转到昨夜那场风上。

姚舆首先开口："上半夜我睡得不安稳，后来下了一场雨，反而踏实了。"

许秋芦接上话茬："说起这雨，我听得一件怪事，那雨下之前，不是刮了一阵风吗？我早上有晨练的习惯，出门时那院内除了有些湿漉漉的，并无多少落叶断枝，可见风刮得并不大。但我听仆人说，昨夜的风竟将藩司（即布政使，主管一省民政与财务）衙门前的旗杆都刮断了。这还不算，那清波门上的五间门楼也被吹塌了，还压死了三个守城的士兵。"

原本姚舆还很放松，这话一出，他直接就坐不住了："什么，这是真的吗？"许秋芦看到姚舆脸色都变了，迟疑了下，还是答道："是真的。"

那话音还未落下，姚舆就急忙站起身来，一边往外走，一边招呼随从："快，备轿！我要去藩司衙门和清波门一趟！"

许秋芦早就知道姚舆性子急，但也没想到这次这么急，连忙站起来跟上："你不是马上要启程复命吗？可别误了时辰！"

姚舆见许秋芦一脸担忧，稍微缓了缓步子："你也说了，昨夜这风并不大，本不应吹倒旗杆、门楼，但此事既然已经发生，怕是有什么异常，我就在杭州，不去看看怎么能放心地走呢？"

侍从跟随着，嘱咐轿夫一番后，一行人匆匆往藩司衙门赶去。

一到目的地，姚舆就急急忙忙地走到辕门，向西一望，果然见到一根旗杆倒在地上。

"旗杆被风吹倒是真事，看来那清波门楼坍塌也八九不离十。"姚舆暗自思索。

此时他情绪低沉，也没心思多看，匆匆进了衙门，找来布政使沈兆沄和巡抚罗遵殿商讨此事。

等人都到齐后，姚舆开口道："我听说昨夜的风吹倒了藩司衙门外的旗杆，还把清波门上的门楼也吹塌了，旗杆折断一事我已经确认过，至于门楼，各位可有验证？"

沈兆沄想了想，说："虽然没有亲自去看，但应该是真的。"

姚舆听了这话，心想："俗话说'眼见为实，耳听为虚'，虽这事九成可能是真的，但还有一成可能是假的，没有亲眼看到，心里总是不踏实，反正这离清波门不远，我得亲自去看看。"

这样想着，姚舆就开口说道："我想去清波门一趟，看看情形。"

在沈兆沄和罗遵殿的目送下，姚舆风风火火地往衙门外走，刚好轿子还停在外面，他就坐着轿子往清波门去了。

一路上，姚舆的左眼越来越痛，等到了清波门时，已经痛得看不清东西了。他伸出手来遮住左眼，用右眼往那清波门上看去：清波门上方五间威严肃穆的门楼已经变成废墟，坍塌得很彻底，连一墙一木都没有保存下来，这种程度的损毁，难怪会压死三人。

清：姚舆担忧有异变，太平军炸毁清波门

城门上乱糟糟的一片，一些守城的官兵在清理废墟，还有些看上去心不在焉的，明显无心工作。

姚舆查探一阵，又返回藩司衙门。他把看到的情形和徐柱臣、罗遵殿一说，三人都发了愁。

沈兆沄端坐在那儿想了片刻，看着姚舆开口道："既然已经证实确有此事，接下来我们应该怎么做？"

罗遵殿听沈兆沄这样说，也拿眼睛去看姚舆。姚舆在两人期待的目光下开口："这件事明显有异，为何别处安然无恙，唯有旗杆、门楼受灾？为今之计，只有尽力弥补，赶快重建清波门楼。"

夜里，姚舆仔细挑选重修清波门楼的日子。不想到天明时都一无所获，一本黄历翻到年底竟没找到一个好日子，还为此付出惨痛的代价：现下他不光左眼疼痛不能视物，右眼也和左眼一样了。

更严重的是，姚舆的手已经握不住笔，以至于沈兆沄派人来询问进度时，他只能托付好友许秋芦代笔，专门写了一封信回复。信中说明了自己找不到黄道吉日的坏消息，并请他们持续关注清波门，择日再建。

信交出后，姚舆虽然还悬着心，但军情紧急，已经

耽搁一天，实在不能再拖延，于是他再次向许秋芦告辞。

许秋芦看到老友一夜未眠，双眼失明，手还没有力气，心里实在担心："你都病成这样了，还是留下来休养一下。"

虽然姚舆一再表示自己有随从照顾，不要许秋芦多忧心，但是许秋芦仍一路送到渡口，两人才就此话别。

上船后，姚舆感觉眼睛的疼痛减轻一些，同时老友的关心也让姚舆心情放松许多。回家后，他的身体很快痊愈，但对于清波门楼被风吹塌一事，仍然非常担忧。

一段时间过去，杭州那边没再传来什么坏消息，但清波门楼依然还没重建。姚舆一直悬着的心也暂时放下来，他想：这清波门楼虽还未重建，但没其他坏消息那就是好消息！想到这，他总算松了一口气。

然而，姚舆的这口气还是松得太早了些。

清咸丰十年（1860），咸丰皇帝对太平军彻底失去耐心。

在至高掌权者的威压下，江南、江北大营的数万兵马加快步伐，一步步缩紧对太平军"老巢"的包围圈，想将太平军连根拔除。

眼看城外清军步步紧逼，大本营即将不保，太平军忠王李秀成施了个"围魏救赵"的计谋，预备攻敌必救之处——杭州。

李秀成此举不在清廷预料之内，所以没能够合理且迅速地调配兵力，阻挡太平军南下的步伐。

在李秀成的带领下，太平军专门挑选清军薄弱之处攻击，一路势如破竹，很快来到杭州城下。

大战将至，杭州城里、城外的气氛与平日截然不同。

车马行大门紧闭，一丝缝隙都不曾留。往日里马蹄"得得"而过，有些浪漫的诗人甚至会赋诗一首，但此时听到马蹄声，城中百姓只会心中战栗，生怕那马蹄踏到自己面前。

太平军还没正式开始攻打清波门，往日里嘈杂的人声、车声、马蹄声就消失得无影无踪。

城内，百姓关门闭户，个个悬着一颗心。

离清波门不远的一间民居内，传来一阵窃窃私语声："咱家的门已经上锁了吧，我咋总感觉放不下心呢？"

"锁了，锁了，三道锁哩。眼看着那什么太平军就要攻进来了，我这心里哪能踏实？你说，这城门如此坚固，应当攻不进来吧。"

"难说啊！难说啊！"

一声长长的叹息后，四周再次陷入寂静。类似的对话也不断在杭城内其他人的家中发生。

清波门东南方向的城墙沿着铁冶岭一路向东，盘踞在云居山上。山路崎岖、地势险要，故而清波门较其他城门更为难攻。清军将主力放在武林门和钱塘门等处，

清波门（老照片）

待兵力分到清波门时，已经不足。

起初，太平军并没有选择攻打清波门，而一直在其他城门死磕。奈何时间一天天过去，杭州城始终坚若磐石，久攻不下。天京城的局势愈发危急，忠王李秀成简直急得不行！

他们决定另想奇招，势要把杭州城攻破。

经过几夜同清军的激战，李秀成的偏将谭绍光，发现了清波门的破绽之处。

原来自姚舆离开之后，清波门的门楼一直没有重建。这气势宏伟的城门虽还具备基本的保卫城池的功能，但没了门楼也就无法从高处监视城外的动向。更何况，谭绍光还打探到杭州众城门中只有清波门兵力最少！

于是他想到一个"明修栈道，暗度陈仓"的计划，并把这个计划详细地讲述给忠王李秀成！李秀成听后大为惊异，立刻就吩咐众人全部听从谭绍光的部署。

从天而降的大雨为太平军的计划提供了便利。雨势越来越大，几乎阻挡住城门上清兵的视线！城门外，谭绍光安排了几百个士兵开始从清波门外的戚家园挖地道。同时，为了迷惑驻守在清波门上的清军，他还在清波门外设立十座大营。

尽管挖地道的士兵行动小心翼翼，还是会发出声音。为了不被清兵听到，谭绍光命令营中士兵昼夜击鼓，为地道挖掘工作打掩护。

经过几日忙碌，这地道总算挖到清波门黄泥潭段的城墙下。

地道里，太平军像蚂蚁般，谨慎地搬运着一担担密封好的炸药。他们将炸药放置在清波门下，仔细检查后，又悄悄顺着原路返回大营。

二月二十七日，大雨依旧。连日守城的清兵有些疲惫。这时，一个眼尖的小卒忽然发现，城外的太平军向后撤退了几百米。

没等他高兴，城门下忽然传来轰隆隆巨响，然后他就失去了意识。

为避免炸药误伤自己人，谭绍光早就命令队伍后撤。那几声巨响后，他竭力远望，只见清波门以南的数丈城墙在火药的威力下轰然倒塌。

谭绍光大喜过望，一声令下，太平军就从清波门的断壁残垣间纷纷涌进了杭州城。

清波门一破，杭州城内陷入一片混战，原本就处在下风的清军更是节节败退，杭州城就这样落入太平军手中。

姚舆从军报中得知杭州城失陷一事。他心痛万分，却又鞭长莫及。

虽然姚舆早就担心清波门楼坍塌一事有异，但没想到自己离开杭州城还不到一年，这座强大的城市就这样被太平军攻下。

辛亥革命后，清波门也在轰轰烈烈的拆城筑路过程中被彻底毁掉，后用于后人凭吊的故址也慢慢消逝在历史的烟尘中。故址虽已消失，但"清波门外柴担儿"这一歌谣却始终在杭城口口相传，它是时间的痕迹，也是杭人的记忆。

参考文献：

诸玉山：《南宋杭州十城门的特色》，《地图》2000 年第 03 期。

王彧浓：《林——论南宋四大画家之刘松年》，《美与时代（中）》2016 年第 07 期。

曹晓波：《清波门——骑马出暗门》，《杭州日报》2006 年 5 月 31 日

望江门：看大江东去，
　　　　　时代翻滚如潮

"望江门外菜担儿……"民国初年，望江门边的三两个孩童一边跳着皮筋，一边唱着童谣。

童声朗朗，大人们在城门下来来往往，或挑，或担，或提，竹篮里新鲜的蔬菜绿油油招人眼球。"蔬菜基地"一直是望江门的标签，但望江门的魅力，远不止于此。

明：永昌门上一颗头，挡了昌字的一半

巡按御史左光先平定叛乱，是在明崇祯十七年（1644）的春天。三月草长莺飞，江南岸绿，左光先顺江班师回杭州，进的是永昌门。

这永昌门修建于南宋时期，当时宋高宗赵构东奔西走到底累了，决定定都杭州。天子脚下，临安府以往的形制如何能与之匹配？于是整个临安府就此被重新规划修整一番。宋绍兴二十八年（1158），临安府东南部建起一座新城门，命名为新门。后元朝末年，新门重建，向外拓展后则称永昌门。

这日，永昌门内外人头攒动，下至贩夫走卒，上到

达官贵人，争睹监案御史、浙江巡按左大人带回来的"乱贼"首级。连文人雅士们，也舍弃游赏西湖春日盛景的雅兴，到城门边凑个炮仗新闻的热闹。

此次平乱，是左光先离任交接前的最后一桩任务。他完成得这般完美，当然要好好炫耀一番。在回城路上，左光先想到一个昭告全城的方法。

他命下属登上永昌门城楼，把乱贼许都的首级悬挂在正中的雉堞之下。城门匾额上，"永昌门"三个字中的"昌"字，被一颗人头挡住了一半。

众人看着城门上许都的首级，左右私语，交口赞誉左大人英明神武，快刀斩"乱贼"，免了杭州城被血洗的危险。

只有一个人除外。

这人骑着马，恹恹地跟在左光先的部队后。他名叫陈子龙，是此次助左光先擒拿许都的大功臣。

许都之乱，始于明崇祯十六年（1643）。

许都是土生土长的东阳（今浙江金华市东阳市）人，爷爷许弘纲官至南京兵部尚书，家中也经营生意，算个官三代、富三代。许家在东阳根基很深，虽说算不上要风得风要雨得雨，但改朝换代的浪头打过来，还不至于折弯这棵根深叶茂的树。

许都被宠着长大，为人仗义，虽时常冲动，但是颇具侠气。县令姚孙榘利用职务之便捞油水，搜刮民脂民膏，他早已心生不满。而此次，姚孙榘以备兵为借口，榨取许家万金家产。许都年轻气盛，想奋起反抗，可他病重的母亲却总是叫他忍耐。

许都不想让母亲操心，干脆就花钱免灾，买个孝顺。当时恰遇义乌县奸民假借中官之名招兵买马的事东窗事发，姚孙榘觊觎许家财产，不分青红皂白，诬陷许都与此事有关，硬生生把"结党谋逆"的罪名安到许都脑袋上。

许都"人在家中坐，祸从天上来"。又逢病重的母亲过世，许都想给她办个风光的葬礼，而出殡时集结的两队人马，就应了他组织"非法集会"的传言。

姚孙榘立即派人前去捉拿许都。

许都披麻戴孝，问前来执行公务的官兵："今日家慈出殡，杂事繁多，为何拿我？"领队的千总见他脸色苍白，以为他是任人拿捏的软柿子，骂道："爷爷请你回衙门喝茶去！"

出殡队伍中，许都一个朋友是退伍的军官，这人是个炮仗脾气，一怒之下就把千总拖下马，夺了他的腰刀。眨眼之间，千总身首异处。

"这狗衙门欺人太甚！以前姓姚的挡着你做官的道不说，现在连出殡都要来横插一脚！"这个军官朋友把腰刀往地上一插，对许都说："看现在的情况，反也是死，不反也是死！兄弟们怎么个死法，听你一句话！"

许都也是条汉子，沉默地看了眼母亲的棺木，就把送孝的白布缠在头上，掷地有声："反！"

随后，许都带了一群人杀奔到东阳县城，乡民闻声而起,争相效仿许都头缠白布,号称"白头军"。没几日,白头军就像燎原之火,迅速占领了东阳、义乌、浦江等地。一时间,许都的事迹传遍两浙地区。

坐镇杭州的监案御史、浙江巡按左光先闻讯,派陈子龙为监军,前去讨伐许都,但几次交战都没讨到好。许都率军来进犯杭州时,被陈子龙带兵击退在杭州城外。

经此一役,许都损失惨重,只得带领三千残兵退守地势险要、易守难攻的南砦。

对许都来说是挫败,对杭州就是大捷。庆功宴上,随军的监司王雄想不费一兵一卒,招抚许都,故意对陈子龙说:"许都如今占据有利地形,粮草充足,我军不能轻易进攻。照这个进度耗下去,没个十天八天根本拿不下来。我军足有万人,粮食消耗也快,军中存粮只够吃五天。你以为,怎么才能快速取胜?"

陈子龙听着王雄的话,在心里想:姜还是老的辣,王雄对他和许都是旧识这事一清二楚,想必左光先也知道这件事,所以才派他打头阵。陈子龙心有一计,觉得或可忠义两全。于是他起身拱手说:"属下愿凭和许都的旧交情,前往招抚他。"

左光先随口答应,如果许都肯归降,既往不咎,并且还会向上头申请,给他求个官做。

陈子龙信以为真,把左光先的这句承诺当作了"定心丸"。

明：永昌门改名风波，天下乱如一锅滚粥

陈子龙吃了这颗"定心丸"后，单骑前往许都驻扎在南砦的军营。入营时，他没有携带任何刀剑。

许都起先并不愿见他，还把他扣押到一个单独的营房，直到陈子龙央求士兵给他带了一封信：

"子玙（许都字），我知你此番被迫起义，是想为天下苍生发声。我们年轻时，志趣相投，当初我荐你做官，被那姚孙榘给压下来。你负气反叛，单单只因他肆意敛财，不分黑白。为了这样一个人和朝廷为敌，实在不值得！我知道你有满腹才学，只要你肯归降，和我一起为朝廷效力，不但不会被杀，还能谋个好职位。就算你自己不想，你也要考虑一下和你一起出生入死的兄弟们，谁不希望老婆孩子热炕头，安安稳稳地过日子？"

许都见信，陷入了沉思。失眠一夜后，决定归降。

当初为他斩杀千总的军官朋友劝许都不要轻信这狡诈的招降言论。然而许都吃了秤砣铁了心，置若罔闻。

这个武官朋友无奈摇头，与许都分道扬镳。许都亲手遣散聚集起来的起义军，到最后身边只剩两百个心甘情愿和他奔赴未知前程的士兵。

他们没想到，这前程的尽头，竟是将头颅置于左光先的铡刀之下。

陈子龙被左光先的翻脸吓了一跳，据理力争，试图说服左光先。可后者的眼里根本容不得一粒沙子。许都和归降的兄弟，俱被斩首于江边。

左光先带着许都的首级回了杭州，把他挂在永昌门的城门上。

陈子龙因为左光先失信，对朝廷失去信心，不久就收拾行李告病还乡。

又是一年清明节，永昌门城楼上的旗帜，已经从大明王朝的日月同辉旗，换成清军的蟠龙旌旗。

清康熙五年（1666）炎夏，一个惊雷炸毁了永昌门的城楼。天亮后，杭人聚在城门下观望，左右私语，和二十二年前争睹许都的人头时如出一辙。

也是这一年，城楼复修。因为许都曾祈梦"受命永昌"，同时李自成的年号也叫"永昌"，所以"永昌门"改名的事情板上钉钉。

最后，因为"永昌门"历来是观潮望江的胜地，见门即见江，所以改名"望江门"。

望江门这个名字，一直沿用到民国初年。

杭州有谚语："望江门外菜担儿。"宋元以来，凭借肥沃的土地，雄厚的实力，望江门外的蔬菜种植业一直处于杭州领先地位，是主城区王公贵族、各大饭店和平民百姓最有力的蔬菜供应基地。

繁忙的菜农往来于城门内外，望江门被烟火气包裹得严严实实，但无论这烟火气多么浓郁，只一阵风浪打来，就会散得无影无踪。

这一阵风浪，就是能在城门上留下深刻印记的杀手铜——改朝换代。

元取代宋，明取代元，望江门见证了封建王朝的不断更迭后，在 1911 年的 11 月 4 日，杭州光复的前夜，望江门再次见证了历史性的一刻。

清：蒋介石仓促归来，率第五队攻下望江门

1911 年的 11 月 4 日，已经过了凌晨两点，蒋介石在望江门前焦急地等待攻门命令。一阵寒风呼啸肆虐而来，刀一样割着他的耳朵。

蒋介石丝毫未觉疼痛，他的目光深深地注视着望江门，恨不能立刻带着一队人马直杀进城去，把主权无独立、领土无完整的腐朽清王朝推翻！

蒋介石参与杭州起义时，才二十四岁，还是被"大哥"陈其美用一封信从日本给叫回来的。他回国前跃跃欲试，

《吴山伍公庙志》中的望江门

没想到一回来，就接了个烫手山芋——指挥敢死队。

敢死队，顾名思义，相当于一只脚踏进了阎王殿，以身家性命赴汤蹈火，要随时做好牺牲的准备。

武昌起义后，杭州起义的工作也开始紧锣密鼓地筹备。军队是革命的本钱，当时革命党人已经和驻扎在城外的两标（清末陆军编制，相当于后来的团）形成联合，但两标缺少弹药，每一个士兵子弹不足五发。而在城内驻防的旗营，加上抚台衙门驻扎的巡防营一个营，卫队两个连，军队人多势众、武器又十分充足，占有绝对优势。

他们不想莽撞，希望能组织一支敢死队加以配合。经过商议，杭州的革命党人敲定了"敢死队"计划，派人前往台州、宁波、金华等地招募敢死队员。

大家深知自己此去就是以身家性命交付。故而在杭州起义前夕，革命党人纷纷写下绝笔书，作为敢死队总指挥的蒋介石亦然。

蒋介石给母亲的信中说他誓为革命牺牲，请母亲勿念。还在信中交代了自己的后事，如同生死诀别。

敢死队编制分为五队。每队只有十五人，因物资有限，武器必须"按需分配"，手枪手十名，每人持一枪，炸弹手五名，先后继进。哪怕即将出入枪林弹雨中，他们依然目光坚定，无一惧色。

每队都有自己的主攻地带，或旗营，或埋伏于抚署，而蒋介石带领的这一个分队，是第五队。第五队主要集中火力进攻城门，望江门就是此次进攻的突破口。既能和城内起义军相呼应，攻进城里后，也有接应和增援的作用。

接到起义军司令部的命令，便是时机成熟——可以动手攻城的时候！蒋介石带领望江门外的第五敢死队把土炸弹扔进高高的城楼，霎时间青烟四起。那土弹的爆炸力震动了望江门城楼上高高翘起的屋檐。

望江门内的清兵不同于其他城门的，他们不愿轻易弃城投降，有心防守，嗖嗖地放洋枪。

蒋介石和敢死队员闪身躲在城门最外围的墙边，这个地方离城楼上的守兵远，不容易被射伤。

跟随蒋介石的队员都是渔民出身，平时与水争锋，勇猛非常，耳力也极佳。蒋介石身后一个壮汉眼神一撩，即刻拉开土炸弹，往头顶的城墙一扔！

"砰"地一声，土炸弹在城墙上爆炸，下一秒，头顶上跌下个长辫子的清兵。

蒋介石一个手势，方才扔炸弹的队员就又朝城楼扔了一个土炸弹，然后是下一个土炸弹，再一个……

清兵虽然拼死顽抗，但弹药实在有限，还未对蒋介石带领的第五队造成什么实质性伤害，就已经步入末路穷途。

蒋介石趁机带着小分队从望江门长驱进城，直捣浙江巡抚衙门，和其他起义军会合后，活捉了浙江巡抚增韫。紧接着，起义军一把大火，烧光了抚署。

大火足足烧了半夜，余烬飞灰后，杭州城迎来崭新的日出。

望江门上的瓦片沐浴着新鲜的光和热，城门下，只有土炸弹的碎块记录着昨夜的攻城之战。

望江门是敢死队员拼搏的血泪战场，是杭州历史上一个重要节点。它几经战乱，终于巍然矗立于国家新生的浪头上，带领杭州走入新时代。

虽然望江门后来被拆除，但杭州市政府经考察曾在旧址立碑纪念。如今虽不见望江门风采，但东起江城路，西到望仙桥，与中河路相通名为望江门直街的道路，与2003年修建的望江门立交桥都对杭城交通起到莫大的作用。

参考文献：

张廷玉等：《明史》，中华书局，1974年。
宋平：《蒋介石生平》，吉林人民出版社，1987年。
文史资料研究委员会编：《浙江辛亥革命回忆录》，浙江人民出版社，1981年。
曹晓波：《望江门外菜担儿》，《杭州日报》2007年5月11日。

凤山门：从双门望去，
　　　　看凤山门前世今生

遥想当年，吴越王钱镠修筑杭城时，这双门何等雄伟坚固。城楼的石基都高达四仞又四尺，楼高约六仞又四尺，两扇铁叶大门，泛着道道亮光。

只可惜今日登上双门城楼之人，早已没了当年钱镠的气魄。

南宋：双门轰隆一声打开，康履战战兢兢出来

南宋历史上，这天就如话本上你方唱罢我登场的故事一样戏剧，史称为"双门政变"。

宋建炎三年（1129）二月，金兵副帅完颜宗翰挥兵南侵，未过多久，他便带领人马冲到了宋高宗赵构所在的扬州。兵临城下，赵构也顾不得烟花三月扬州美景了，赶紧带着一行人"忙忙如丧家之犬，急急如漏网之鱼"，往杭州逃去。

对于目前的局势来说，杭州是个安全地。去年十月，隆祐太后乘御舟到杭州避难[1]，由统制官苗傅带领八千人护送。今年二月初，赵构又将皇太子与六宫妃嫔交到

[1] 脱脱等：《宋史》，中华书局，1977年。

了威州刺史刘正彦手中，由他带领三千官兵护送至杭州。如此看来，担任行宫卫队的苗傅、刘正彦就有了一万多兵马。

至于拥有这么多兵马的苗、刘二人会不会半路生变，赵构根本无心盘算，脑海中只有一个念头——往杭州逃就对了！

这一日，阴雨绵绵，这位逃难的皇帝终于踏上了杭州的土地。扈从叶梦得跟着赵构从双门入城，原定的住处就在双门边上。一眼瞧过去，稀稀拉拉的几间破败屋子，哪里是天子的下榻之处？

叶梦得害怕赵构发怒，一颗心提到了嗓子眼，颤颤巍巍道："这几间屋子，怎能安置官家？"

这些年赵构没少逃难，如今才缓下一口气，对居住条件要求不高。他挥了挥手，指着房舍道："这房子窄倒不是什么大事，就是有些潮。"

他眼中又潮又窄的几间屋舍就坐落在凤凰山脚下的杭州府治中，百年前属于吴越王钱镠所建造的宫城。这一片的房屋多已老旧倒塌，只有那扇用铁叶包裹的双门，经由数百年风吹雨打，仍旧屹立原地。

有了下榻之处，赵构总算能歇口气了。

这时战事也消停了，又要安顿在杭州，官家的气派自然不能少。于是，一张张催命般的黄纸从双门传出去，忙坏了刚刚上任的杭州知州。例如有一日下雨天，新落成的主殿还没瓦，偏偏宫内就要设宴，还点明需要三百张红色桌子，催杭州知州一日内备妥。赶上夜里出行，又要火炬三千,催杭州知州不得延误。

杭州知州忙得像陀螺一样转个不停,但好在件件都办得极妥帖。宫中缺瓦,他就买下杭州城内各家店铺的屋檐瓦片;宫中无红桌,他就征集茶肆酒坊里的桌子,全涂上红漆;宫中要火炬,他就安排人将瓦舍青楼上挂着的芦竿门帘拆下,集结成把,涂上油脂……

日子看似平稳不少,但那潜藏已久的危机并未消退。

宋建炎三年(1129)三月初五,东方刚泛出一丝鱼肚白,杭州街头就已经出现一队队全副武装的士兵。他们从朝天门(鼓楼)分散开来,把守各个要道,严禁百姓通行,几个城门也被一一封锁。一股肃杀之气飘荡在杭城上空,城内人家见情形不对纷纷闭门不出。

兵乱消息传来时,赵构猝不及防,一阵恓惶。前几日他还优哉游哉,带着宫中妃嫔夜里出游。那亮如白昼的万松岭马道边,欢声笑语还未远去;那清波门外的聚景园中,妃子们的胭脂香味还未散去。

他口中念着:"何人在此叛乱?"

军报一道接一道不断送来,赵构的疑惑也得到了解答。原来,举兵的正是手握一万多士兵的苗傅、刘正彦二人,他们手下的士兵已经布满双门一带的御街。

几天前,苗傅与刘正彦就有了举兵的心思,但他们反复斟酌,觉得坐镇杭州城的御营都统制王渊是个大麻烦,准备想个法子先除掉他。时机很重要,他们商量过后准备趁着刘光世新任殿前都指挥使,百官都要来听宣制的那天,埋伏在双门不远的六部桥附近,等王渊一来就给他致命一击。

可王渊是什么人？御营都统制身边可不缺守卫。要是一击不成，到时候遭殃的可就是他俩了。为了支开王渊手中的兵马，他俩故意放出假消息：百官听宣制的第二天，他们将会假借追捕盗贼，把兵马屯扎在天竺寺附近，以此发动兵变。

果然，这则消息派上了用场。王渊截获这条讯息后，不知真假，只好派出手下精兵埋伏在天竺寺附近，声称一旦发现消息属实，就上前擒获苗、刘两人。

于是在刘光世新任殿前都指挥使这天，苗傅与刘正彦早早带人埋伏在王渊回家路上。王渊自以为严防死守，却没料到自己已经中了苗刘二人的调虎离山之计。可想而知，王渊派去的人扑了个空，而听完宣制，退朝路上的他却是形单影只。

退朝后的王渊坐在轿中，突然感到一阵颠倒摇晃。他掀开轿帘，刚伸出脖子准备询问——

咔嚓一声，刀起刀落，王渊的脑袋就滚在了地上。

王渊一死，手握重兵的苗傅与刘正彦更加肆无忌惮了。他们挑着王渊的首级，冲到双门外，大声喊道："我们要见官家！"与此同时，他们还吩咐人在城内张贴告示，说明此次兵变缘由。

原来，一切皆因宦官之祸——皇城内的宦官康履仗着赵构恩宠，平日里作威作福，没少干坏事。做什么事他都想要有最高的规格，有一次他想去观潮，为了不弄脏脚，就要求当地官员将竹篾从双门一直铺到海塘的路上。平日里，康履还公然搜刮民脂民膏，蔑视武臣，简直罪大恶极！

赵构在大臣的陪同下登上双门城楼，只见城下乌泱泱一堆人马，苗刘二人喊道："交出康履！"

赵构心里虚，颤巍巍道："苗刘两位爱卿今天所做的事情，都是为了帮朕清除身边的奸臣，朕不会责怪你们，反而还要表彰你们的忠君爱国之心。要不这样，苗爱卿封为承宣使兼御营都统制，刘爱卿就封为观察使兼副都怎么样？两位对这个结果满意吗？如果满意就请速速退兵吧！"

苗傅仰头看着城楼上的官家，怒道："退兵可以，交出康履。"

赵构拗不过他们一再要求，便吩咐人将康履交了出去。随着双门轰隆隆打开，康履瑟瑟发抖地走了出来，全然没了往日里作威作福的气势。他还未站定，只见苗傅走马上前，一柄大刀泛起一阵寒光。喀嚓一声，鲜血四溅，康履被腰斩而亡。

双门城楼上的赵构眼睛都看傻了，颤着声儿道："两位爱卿，既然康履已经除去，你们可以退兵了。"

听了这话，苗刘二人却同时喝道："大宋的江山本就轮不到你赵构做主，你要是识相就禅位给皇太子赵旉，将新帝交由隆祐太后教导。否则，我们就杀进皇城内！"

赵构的话不管用，只有让身旁被他们认可的隆祐太后去交涉……

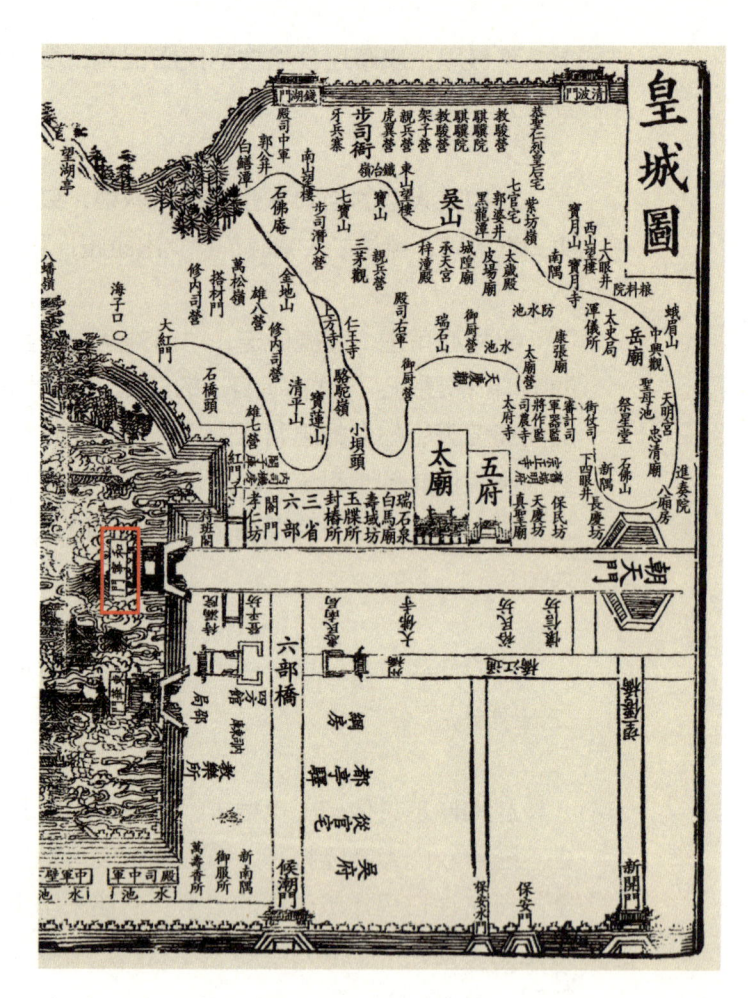

《咸淳临安志·皇城图》中的和宁门

历史上的这一天实在太过戏剧化。举兵叛乱、赵构退位、新帝登基、太后垂帘，全都集中在三月初五这一天。双门边上，鲜血淋漓，空气中的血腥味还未散去，国号"明受"便在史书上留下了一笔。

遥想当年，钱镠修筑杭城，登上这座城门时他是何等气魄，与后来登上双门城楼的赵构截然不同。这道城门见证了钱镠的雄心壮志，也见证了赵构在兵变时的无可奈何。

南宋：那夜的烈火烧到了和宁门边

几十年后，双门重建，更名为和宁门。和宁的好兆头还没体现，一场大火就从附近顺势烧了过来。

宋嘉定四年（1211）三月。烈火似蛇，猛地窜上和宁门。

临安（今浙江杭州）多火，年年能见火光绕城的景象，但这一夜的大火却让整座城的人都提心吊胆。百姓们看着乱窜的火焰，眼里尽是惊恐，照这个势头，只怕要烧到大内皇城中。

不过多年来，临安城内的房屋倒塌再重建，似乎已是常态——

宋建炎三年（1129），金兵入城，所过之处一片狼藉。金兵走后，城内毁坏的房屋得以重建，但颓圮的城墙却无人问津。三年后，宋高宗赵构移跸临安，他觉得残垣断壁有些不妥，就命人重新修建城墙。

到了宋绍兴十二年（1142），历经十年风吹日晒，板筑的泥墙再次剥落崩塌。[1]五年后的春天，曾见证历史大事件的双门终于修好，还改名为和宁门。和宁门因为又是皇城的北门，也被称为"内后门"。

由于和宁门西临凤凰山，使得大内只能向东侧发展，这样一来，它倒成了正儿八经的"正门"。《梦粱录》曾经极力渲染和宁门的绚丽，称它为杭州诸多城门之首。放眼瞧去，和宁门确实是一座极具气派的城门。

它有三座并列的朱红大门屹立于前，门上满是镀金的铜钉。门上就是和宁门的门额，门额上则是单独的门

[1] 熊克：《中兴小纪》卷三〇，福建人民出版社，1985年，第365页。
[2] 吴自牧：《梦粱录》卷八《大内》，山东友谊出版社，2001年，第5页。

凤山门：从双门望去，看凤山门前世今生

楼,两侧并无阙门。和宁门是皇城门,少有平民百姓至此,但看守十分严密,凡是有人出入,守门人都会高唱头帽号提示。②

和宁门连着御街,热闹是必不可少的。《梦粱录》中有记录,和宁门外有百僚侍班子,左右更是排列着红杈子。《都城纪胜》也说,和宁门外的市场商品琳琅满目,花果时鲜、野味、奇器等应有尽有,几乎天下的小玩意儿都集中于此……

在这里,每日五更天,街上还会有打着铁板木鱼儿的报晓人,拉长声音预报天气,此时上朝的大臣们已经在和宁门外的朝房里候朝。有些住得远的大臣,来不及洗漱也无妨,因为和宁门这一片有澡堂,有"卖面汤"的服务,捯饬洁净并不是件难事。

此外,和宁门外的店铺忙活完夜市,又开始忙活早市,各色吃食点心一应俱全。有些时候,皇家官府如果有需要采办的物件,也多从和宁门外购进。官府或权贵有宴请活动时,和宁门外的市场更是随叫随到。

这里还有一则与和宁门相关的文人趣事。

那时陆游正在京任职,他好面子,一般不在路上吃早点。通常是买上一包热气腾腾的炒板栗,在和宁门朝房里候朝之际,剥开一颗颗板栗,细嚼慢咽。宽大的袖口藏得住颗颗板栗,却藏不住剥皮之后板栗的香甜味道。

陆游剥一颗,就往嘴里塞一颗,沉浸在板栗的醇香之中,却不知其他官员们早已闻到这香味,馋得直咽口水。后来,上朝的大臣们被这香味引诱得没办法,也学陆游买板栗在朝房里吃。久而久之,侯朝之际吃板栗竟渐渐成了风气。

于是，陆游索性写了一首诗，名为《夜食炒栗有感》："齿根浮动叹吾衰，山栗炮燔疗夜饥。唤起少年京辇梦，和宁门外早朝来。"这才道明，原来他不在街头吃板栗，主要是因为牙口不好，怕吃相不佳。

和宁门不光是百姓们的休闲之地，还与国家运转息息相关。它附近有孝仁、登平二坊，就连三省六部等官署都设立于此。官员要进宫，就必须经过和宁门。有时和宁门还会取代丽正门，成为官家接见使节、接受朝贺的"正宫门"。

话已经说到这里了，试问临安城里，还有谁不知道和宁门的重要地位？

但现在看来，这次的大火已经烧到了尚书省、中书省、枢密院等地，就连学士院、内酒库、内宫门庑都被波及。

一般城门上有九米多高的望楼，这是专为勘察火情所设立的处所。若是在白天发现火情便用旗帜为信号示警；若是夜间便以点灯为信号示警。而这挥旗和点灯又另有一套规则。以朝天门为例：如果门内发生火灾，望楼上的守卫就会挥三次旗；如果门外发生火灾，则挥两次旗；如果火情在城外，只需挥一次旗。

这天夜里，望楼上的守卫一见火情，便赶紧将着火的信号灯点亮。和宁门外卖板栗的小贩看见火情预警，彻底傻了眼。他摊子也不顾了，急忙加入救火的阵营，拿了自家的水桶就往外跑。路上他看见救火的禁旅正奔赴灾处，又听说里面的人都已经撤离，想来大火该不会再肆虐下去。他这才心下放松，又提着桶回去了。

谁知到第二日清晨，大火仍未灭尽。大内皇宫就在眼前，那火苗已经蹿到了和宁门上。趁着蒙蒙天色，小贩半虚着眼睛瞧去，只见和宁门上的金钉铜瓦已经被熏得乌漆麻黑。照此形势下去，若大火掠过和宁门，大内皇宫又该如何抵御火情？

千钧一发之际，禁卒张隆飞出一把斧头，剔掉了刚刚燃起的火苗。如此，和宁门才未被烧破。后来大火终于被灭，小贩才听闻，原来火灾初发时，那火苗分数道，一连焚烧了二千零七十余家。

明：倭寇知杭州有备，不敢来攻城

南宋被灭，元朝禁修城墙，和宁门被推倒。元末，江浙一带义军领袖张士诚筑城，在和宁门处改建南门。明初，由于南门临近凤凰山，又将其更名为凤山门。明朝时期，杭州多有倭寇来犯，凤山门在抵御外敌上厥功

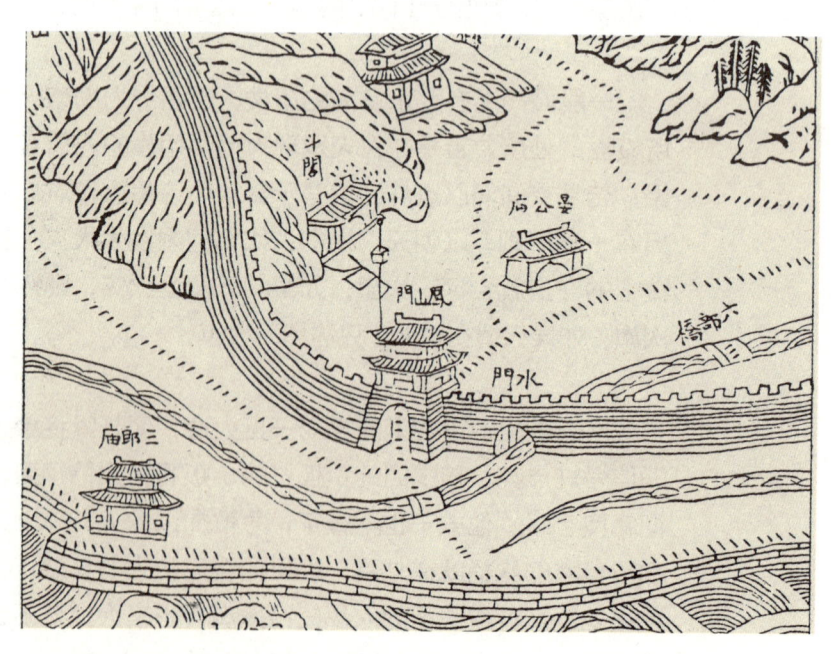

《吴山伍公庙志》中的凤山门与水门

至伟。

逃难的人一群接着一群，杭州城门外，哭嚎声延绵不绝。人们拍打那扇紧闭的城门，绝望和惊慌渐渐凝聚成泪水，淌落一地。后有倭寇穷追不舍，前有城楼门扉紧闭，抱着孩子的妇人眼见没法躲进去了，一头撞倒在城门上。

这一年是明嘉靖三十四年（1555），杭州城在倭寇肆虐下变得面目全非。自江口（今属浙江杭州）到西兴坝（今属浙江杭州），从留下（今属杭州西湖区）一直延伸至北新关（今浙江杭州北大关），四十多里的民居官舍全被倭寇焚烧一空，就连昭庆寺也未能幸免于难。

那是六月六日，杭州刮起了大风，愈到晚间风愈大。倭寇见状，自认此乃天助，领头的人召集同伙商量攻城计策，一致认为火攻为上。于是，这夜就有密密麻麻的星火朝杭州城门涌来，凤山门里的守门人见状，吓得魂不附体。

大火沿着城门往里钻，映得每个人眼里一阵红光。凤山门里一群士兵死死抵着城门不让倭寇进城，然而门外大火实在太猛，照此情形下去，要是城门被破，杭城势不能守。

这时，又有不少城内士兵赶来，竭力抵御。夜空星河烂漫，杭城火影四射。这一夜伴着刀光剑影，厮杀呼喊，士兵拼尽全力才让倭寇退去。虽然倭寇进犯失败，但杭州却因这场大火损失不少。

时任浙江巡抚的胡宗宪，眼见杭城被侵犯，心里咽不下这口气。他知道那些贼人狡猾，此次将他们击退只是暂时，以后有机会他们肯定还会回来进犯杭州，必须早做准备。

于是他紧急调集十万人修筑了城楼，用来监视敌情，还在东南西北各处城门加修了瞭望楼，派兵日夜巡视，侦查敌情。

凤山门上一座襟江楼修筑得好生气派。这楼约有二丈八尺高，周围约十二丈，视野绝佳。倭寇要是想偷偷摸摸干些见不得人的勾当，轻而易举就会暴露在站岗士兵的眼中。

将时间倒退两个朝代，这凤山门正是南宋的皇城北门——和宁门。当年金碧辉煌的一座皇城门，经过时光变迁，曾经的金钉铜瓦渐渐脱落。到了元代，为了显示统一，禁止天下修城。尤其因杭州曾是南宋皇城，城门城墙多遭破坏，曾经华美的宫城湮没在朝代更迭的刀剑马鸣中。

元至元十四年（1277），一把大火在临安蔓延，将南宋皇城吞噬了个干净。昔日的帝居，荒芜丛生，蔓草遍野。人们踯躅在凤凰山的林木荒草间，不敢相信这空前绝后的雅致宫殿已成历史空白。

一千年前，就有一位琴人站在凤凰山脚，见到昔日帝居的惨败景象而面对苍茫大地凄凉念道：

粲粲芙蓉阁，我登双眼明。
手拊沈香阑，美人已东征。
美人未去时，朝理绿云鬟，暮吹紫鸾笙。
美人既去时，阁下麋鹿走，阁上鸱枭鸣。
江山咫尺生烟雾，万年枝上悲风生。

空有遗钿碎珥狼籍堆玉案，空有金宝炬错落悬珠楹。
杨柳兮青青，芙蓉兮冥冥。
美人不见空泪零，锦梁双燕来又去，夜夜蟾蜍窥玉屏。

琴人走至凤凰山边吊唁故都，他在和宁门旧址沉思，不禁想起这曾经是官家出巡的必经之门。他哀叹昔日繁华热闹之处，如今却没了踪迹。他往前走去，走到芙蓉阁宫人梳洗处，不免心酸阵阵，往事一幕幕，不断浮现在他的脑海里。

这位琴人叫作汪元量，南宋亡国之时，他曾经和太皇太后、太后、皇帝一起被金军押往大都。如今重回故地，已经过去十年光阴。他的诗，写给不复存在的南宋皇宫，也写给繁华不再的和宁门。

时间悄然而过，元代在推倒的和宁门旧址上，修筑了一座般若寺。曾有人在元至大元年（1308）十月十八日，游览大般若寺，写下《客杭日记》一文。文中写到，般若寺在凤凰山左边，正是旧时皇宫和宁门之旧址。

元末，张士诚占据杭州自称吴王，同时准备动工改建杭州城。因"截凤山于外，络市河于内"，嘉会门、便门被废，而曾经的皇城北门和宁门则改筑成杭州的南门，其门址在御街（今浙江杭州中山南路）的南端。如此，曾经辉煌的南宋宫城就被遗弃到城门之外。明初，因为它靠近凤凰山，又改名叫凤山门。正好它地处杭州正南，所以还得了一个绰号，唤作正阳门。

斗转星移，到了明嘉靖三十四年（1555）。这两年，海贼徐海、陈东、麻叶一伙人勾结倭人在浙江一带为非作歹，百姓叫苦连天。

上次倭寇妄图使用火攻进城，但没有得逞。没过多久，他们又卷土重来，只是当这群人走到城门下时，才发现这次的城更不好攻下——凤山门已经修筑完善，居然还修建了专门对付他们的"抗倭楼"。倭寇头领看着凤山门，心道：看来城里的人这次已经做好万全的准备，这城怕是更不好攻。

这时，凤山门上，驻守在胡宗宪修筑的城楼上的士兵看见倭寇再次来犯，立马发出警示。倭寇头子见状，想到上次强攻的损失，一时不敢轻举妄动。看着这坚不可摧的城门，他无可奈何，只得打消了攻城的念头。

然而浙江一带，倭寇横行，这些人却并非轻而易举就能被吓退。除了凤山门，其余几道城门也时常遭到侵扰，周围的百姓流亡更是常事。

一年后，武林门边同样发生百姓逃亡至城下的事。明嘉靖三十五年（1556），主管武林门的是阮鹗。一日，他听闻难民聚集于城门之前，与同僚商议后，决定开武林门让难民进来躲避。这消息一出，文官和将校面露难色，他们认为绝对不能轻易开城门。

阮鹗本是武将，也不过多废话，提了一柄长剑，厉声喝道："开门！不得将难民拒之门外。"

话已说到这份上，文官也不好再多言语，只道："那就开吧！"

守门士兵将内门关闭，外门打开。但放人归放人，为了做到万无一失，阮鹗还做了详细规定：左侧专为行军搬运的物资与行李包裹通行，右侧专为妇人小孩通行，空手无一物的男子不允许入内。

凤山门：从双门望去，看凤山门前世今生

凤山门遗存

　　守门士兵还需要考虑城内人数，如果放行人数过多，就要关闭外门，打开内门供运输行李物资者、妇人小孩出入。后来阮鹗又担心入城的人过多，容易发生互相踩踏、争相踩躏之事，他就规定四五十人排成一队。按照规定行事，若有人喧哗吵闹，就用竹板或荆条惩戒对方。

　　除了这些要求之外，他还规定卯时（清晨五点至七点）开门，申时（下午三点到五点）关门。按此规定总共实行了四五日，救活十余万人逃难百姓。没过多久，倭寇来犯，阮鹗心中愤慨，率领百余名杭州男儿与倭寇交战。

　　混堂桥（今浙江杭州）边，阮鹗身边一名壮士汤十八手持一柄长矛奋勇杀敌。几番激战，最终将倭寇击退。杭州百姓感念阮颚等人的英勇，为他们在武林门外上关门巷内修建一座祠堂，匾额上书"忠定"。

许多年后，武林门边的抗倭事迹仍在老一辈那里传颂，而凤山门上的襟江楼却早已没了踪影。因胡宗宪曾依附严嵩，严嵩失宠后，胡宗宪的下场也很悲惨，连带着修建的"襟江楼"也在一夜之间被拆了个精光。

清光绪三十四年（1908），美国传教士费佩德曾路过凤山门。那时，凤山门已经有所不同，横跨中河之余还建有三个不同直径的石拱券方便车马进出。

每座拱券还配有一把雕有蟠龙的锁，用于夜间落锁。在此之前，凤山门上还建有一楼，可用于侦查敌情，也可在高处开闭河口的闸关。

费佩德当时正在筹建育英书院新校舍。每天早晨五点半起床后，他要骑自行车到城站搭火车去闸口，然后沿着钱塘江骑车半小时左右，到达新校舍。

费佩德的新校舍在杭州城外，他必须在日落之前，城门未关之时，赶回城去。要是误了回城的时辰，就只能在城外农舍借宿一宿，等第二天清晨城门重开。

凤山门旁的城墙上，摆有一个辘轳，上面有个能容纳一人左右的篮筐。费佩德的女儿珍妮特写道："通过这个篮筐，人们只要花一个便士，就能让自己被吊进城里去。"这个辘轳没有滑轮，若摇辘轳的人喝多了酒，摇到一半摇不动了，篮筐里的人只能欲哭无泪，被迫吊在城墙上过一夜。

如今，杭州许多古老城门大多不复存在，凤山门也不例外，只有一块石碑立在原地，接受众人探寻的目光。但凤山门旧址附近并未完全融入现代潮流，例如中山南路的传统商业街、南宋皇城遗址与南宋太庙等都被杭州市列入了历史文化保护区,为后人留下古老杭州的印记。

参考文献:

钟毓龙:《说杭州》,浙江人民出版社,1983年。

曹晓波:《凤山门外跑马儿》,《杭州日报》2007年7月13日。

凤山水门：历经六百年风雨，
唯一现存的古城门

这是一个再寻常不过的冬日，船夫划桨，沿着中河一路前行，经过一桥又一桥。清代戏曲家蒋士铨看着水波之上晃动的倒影，随口问道："船家，我们一路行来的中河之上有多少石桥啊？"

船夫答道："一共有十二座。"

蒋士铨听后点了点头，再抬头望去，船已划到凤山水门边。只见这水城门颇小，地理位置偏于一隅。

守门士卒站在城门两边，见有人路过，喊道："不要动，让我先检查你们的衣物行李！"

蒋士铨是个读书人，肩上不过一把剑，挎着的包袱里装的全是书，并无什么值钱的东西，也不会藏匿危险物品。门卒搜查完毕后，说道："行了，交税钱吧。"

那颐指气使的模样，让蒋士铨心生不满。但没办法，如果要过这道门，受气也得忍着。

这是清朝盛世年间的一幕缩影，发生在城门边的类似故事还有很多。但这些对于凤山水门而言，早已见怪不怪了。

从历史的脉络中探寻，这座与凤山门（旱门）同时修建于元末的水门，早在修建之初就与钱江之水一脉相连。钱江之水自凤山水门奔袭而出，在城内纵横交错的水道中畅流，一直流到余杭门才涌入京杭大运河的怀抱。可见，不起眼的凤山水门实际扮演着一个很重要的角色，它是龙山河（位于浙江杭县南）的开端，也是江南运河通往钱塘江的咽喉。

元至正十九年（1359），吴王张士诚修筑杭州城。改筑之后的杭州城，有旱门十个，水门五个。凤山水门便是这五个水门之一。自此，一座水城门掀开了它屹立六百年的历史帷幕。到了明清之间，凤山水门经过两次维修，仍旧屹立一旁。

清同治三年（1864），英国传教士慕雅德来到中国杭州时，城门已经是几百年之后的模样。

这一日，天色渐渐暗下来。守城门的士兵李元估摸着时辰，走到城楼顶上的大厅里，小心翼翼点燃一支红蜡烛。

有个新来的守门人唤作赵二，他面露疑惑，问道："为什么要点红烛？"

"守门久了，你就会发现，很多人会误了出入的时辰。"李元将红烛安在烛台上，"这支红烛可以燃半个时辰。大家看见这支红烛，就知道我们大概什么时候要关闭城门了，这样就不会耽误时间。"

赵二若有所思地点头道："原来如此。"

凤山水城门公园

"不过,你记得啊!只要红烛一灭,城门就必须落锁。"李元说罢,又比划出一个手刀挨近赵二的脖子旁,"若误了关门时辰,可是要杀头的!"

这话一出,可吓坏了赵二。他忙不迭地点头道:"您放心,我一定牢牢记住。"

李元见他这模样,抖着肩膀笑道:"孺子可教也。"

赵二守的是凤山门,其高耸的圆拱形门洞就有七八米高,更不用说砖石结构的胸墙和炮眼。凤山门与最上层用于士兵驻守的楼阁相连接,好似一个由土方和石块构成的金字塔,底部很宽,越往上反而越窄。城门的宽度可同时容纳六七人并排行走,可见城门之宏伟。

赵二看得入神,李元喊道:"到时辰了,快准备关城门!"

沉重的铁皮大门缓慢合上,关闭后要用巨大的门闩加固,这还不够,还要另外落锁。忙活完,今日的差事就算告一段落。

而这凤山水门就在旁边，赵二看到水门也严格遵循规定，已经关上城门。不过，和凤山门不同的是，水门还会在门洞处放下一个铁栅栏，防止夜间有人乘船偷渡进城。

《西湖游览志余》曾提到水门里面是一排栅栏，外面又是一重闸板，可以说是易守难攻。由此可见，水门的模样大体如此，从明至清，变化不大。

1918年，美国传教士西德尼·戴维·甘博也来到杭州。彼时，相机已经诞生。戴维·甘博拍下了一张凤山水门的照片。溪水潺潺，藤蔓绕墙，一只满载货物的小船正从水门下经过。

六百多年来，临水而立的凤山水门边上，那些曾经屹立的，倒了。那些曾经夺目的，毁了。唯有凤山水门，生于乱世纷争之时，看着无数宫殿楼阁灰飞烟灭，看着王朝更迭次次重演，却依旧存留至今。

甘博镜头下的凤山水城门

北关门：夜市的篝火已明晃晃地燃起，门下的战争却并未远去

南宋：北关门下，天生将才韩世忠收复杭州城

宋建炎三年（1129）四月初三，杭州的天气不冷不热，正是一年中最好的时候。上塘河两岸一片生机勃勃，桃红柳绿，景色煞是迷人。

然而率大军前往杭州勤王的韩世忠根本无暇顾及这些，身穿铠甲的他眉头紧锁，深邃的目光遥望杭州城方向。此刻他心急如焚，恨不得插翅飞往杭州，剿灭苗傅、刘正彦这两个不忠不义之徒，救宋高宗赵构于水火。

竖着韩字大旗的战船，浩浩荡荡地往杭州进发。苗刘二人早就得知韩世忠要前来杭州勤王，为了阻止韩世忠前进的步伐，他们紧急在杭州外围的临平（今浙江余杭区）选择有利地形构筑防御工事。

勤王军的战船很快就到临平，正当韩世忠准备号令三军，加快速度往前进发的时候，他才发现水路已经完全被叛军用沙包堵住，江上还有叛军安置的尖锐大木，防止战船从水上发动攻击。

见此情况，韩世忠不由得大骂出声："苗傅、刘正彦这两个王八蛋，竟然用这种卑劣手段，等老子到了临平，一定要将他们抽筋扒皮。"

再说苗傅和刘正彦，他们虽然做了措施减缓韩世忠的速度，但此时的他们其实也坐立不安，一大早便来到余杭门的城墙之上。

余杭门是勤王军要进入杭州城的必经之路，是叛军的最后一道防线，余杭门要是被攻破，也就意味着苗、刘命不久矣。

苗傅思来想去，还是将余杭门的兵力再增加了一倍，直到余杭门被看守得像铁桶一般，他心里才稍安。

一旁的刘正彦丝毫没有安心，他对韩世忠忌惮颇深。从知晓韩世忠加入勤王大军后，他就没睡过几个好觉，总梦见自己在余杭门上被韩世忠拦腰砍断。正好此时余杭门上的凉风刮得他打了个寒战，梦中的场景再次出现在脑海。

惶惶不安的刘正彦问苗傅："你觉得韩世忠能突破临平的包围圈吗？"

苗傅此时心里其实也没底，但是想着自己做了这么多周密的部署，再加上临平本来就占据地形之利。况且自己的得力助手马柔吉据山下寨，扼守险道，又在剪刀山下准备了大量的神臂弩用以防御作战。他韩世忠再厉害也不可能凭着那几个残兵败将，就让马柔吉精心准备的工事毁于一旦。

于是苗傅拍了拍刘正彦的肩膀，道："他韩世忠刚刚在沭阳(今江苏沭阳)大败,手里的将士本来就少,军心也不是很稳,对上我们精心准备的防御工事,纵使他有三头六臂,恐怕也翻不出几朵浪花来。"

说罢,就有小兵来报,勤王军已经到达临平。嘴上说着不担心的苗傅,动作比刘正彦还迅速,立马站起身,三步并作两步走到城墙边上,往临平方向看去。

临平这边,作为先锋军的韩世忠,必须在叛军的防线上打开一个缺口,才能让后面的张俊和刘光世顺利进军。于是他号令下去,让所有人都做好弃舟登陆作战的准备。

防御临平的将军除了马柔吉,还有苗傅的弟弟苗翊。苗翊比自己的哥哥更加自信,他觉得凭着这样的防御工事,今天就是韩世忠的死期。

刚开始的确如苗翊所愿,勤王军刚下船就被岸边的滩涂困住了手脚。一大群穿着战甲的士兵骑着马,缓慢行进。马儿时不时还要被绊倒,光在气势上就输了一大截。

韩世忠、梁红玉雕像

苗翊和马柔吉丝毫没有给勤王军喘息的机会，几乎他们一上岸，就发动了猛烈进攻。在船上行进多时的勤王军，还没来得及适应陆地，就被喊打喊杀的叛军打得节节败退，原本就不怎么坚定的军心更加动摇了。

韩世忠原本在淮阳（今河南淮阳）驻守的时候有四万大军，然而沭阳大败后，就只剩下两千人。礼部侍郎张浚看韩世忠的兵将实在太少，就将麾下刘宝的两千人拨给了韩世忠。

久经沙场的韩世忠深知别人的兵不好带，但事急从权，为了行军路上这两千人不给他使绊子，他不得不将这两千士兵的家属集中在战船上。如果这些士兵军心涣散，想当逃兵，这些家属就是他勒住这些人的缰绳。虽然此法不近人情，但为了国家他不得不如此。

看着军心不稳的士兵四散奔逃，韩世忠下令将载着家属的战船泊到江边督战。原本军心不稳的勤王军一看到载满家属的战船，立马打消了逃跑的念头。

韩世忠手下有一个叫马彦溥的将领，他比普通士兵跑得还快。韩世忠看到后，劈头盖脸把马彦溥骂了一顿，骂得他连头都抬不起来，哪还有脸再逃。

韩世忠大声吼道："既然来到这里，就要以死报国，你们的身上要不中几箭，我韩世忠就把这箭给你们补上。"将维稳措施亮出来以后，本来像无头苍蝇一般四散奔逃的勤王军一下子找到方向，整整齐齐地跟在韩世忠后面。

除此之外，勤王军中有一个叫吕颐浩的文臣，也令他们大受触动。他穿着白色甲胄站在水中，不顾飞来的箭矢，协调各路大军有序向前。

军营的那些糙老爷们儿，平时十分看不惯吕颐浩这种白面书生，觉得他们百无一用。没想到这次，这一介白面书生反而勇敢地站在战场上，岿然不动。他们深受触动，心中为自己曾有过的逃命念头而羞愧，愧而奋起，紧跟韩世忠发起进攻。

军心稳定后，就要考虑如何迎战。韩世忠发现滩涂地带不利于战马行进，于是带头下马，步行往前进攻。

苗翊和马柔吉没想到勤王军这么快便进入状态，他们本想趁其不备一举拿下，谁知道韩世忠竟然重新让勤王军燃起斗志。但此刻不是他感叹的时候，他立马下令埋伏在剪刀山下的神臂弩做好准备，居高临下地对勤王军发起总攻。

从天而降的箭雨扑面而来，弓箭穿过身体的"嗖嗖"声和士兵的惨叫声不绝于耳。一批士兵倒下来，下一批立马补上。他们就这样用人海战术，不断地往前推进。

随着时间的推移，勤王军虽然损失惨重，但成效也十分显著，叛军防守的最后一道防线被瓦解。就在此时，勤王军的后续部队，张俊、刘光世也相继到达临平。

援军的到来，让早先退缩的士兵士气大涨。韩世忠率领一队精兵身先士卒，冲入敌营。慌了手脚的苗翊和马柔吉，也派遣一队精兵上前迎战。

韩世忠是何人，那可是能挽三百斤强弓的人。

这些虾兵蟹将哪里是韩世忠部队的对手，之前是箭雨过于猛烈，韩世忠部队没办法发挥优势。现在到了近身作战的时刻，他们的优势一下子显出来了，作战没多久，叛军就纷纷坠下了马。

苗翊和马柔吉一看形势不妙,立马带着剩余的部队四下逃窜。勤王军顺利拿下临平。

余杭门上,苗傅和刘正彦正焦急地等待着临平的消息。苗傅道:"临平那边好像结束了,完全听不到声音了,是不是苗翊他们要回来了?"

刘正彦可没苗傅这么乐观,四月的天,他却感觉到自己的里衣都快被冷汗浸透,就连扶着城墙的手也变得黏腻起来。

男人的第六感有时候也是十分准确的,刘正彦还没来得及回答苗傅的问题。就有小兵前来汇报,大惊失色的小兵跌跌撞撞地跑到苗、刘跟前,扑通一声跪下:"报告将军,临平失守了。"

苗傅听完,怒急攻心,气血上涌,忽然感觉到喉咙口一阵腥甜。刘正彦更是承受不住打击,身体晃了几晃,腿一软,差点倒下来。

苗傅一时间没了主意,不知道自己该留还是该逃。

刘正彦此时思路却无比清晰,临平的防御工事做得那么到位,都没有拦住勤王军的步伐,区区一个余杭门又哪能拦住,何况余杭门还和其他城门不太一样。

艮山门、凤山门的内、外门是呈九十度的,敌军就算从外城门攻进来,也得转个九十度的弯才能进入内城门。这样一来,就有缓冲的余地,相对来说更加易于防守。而余杭门的内外门洞就是一条直线,直接连接城门内外。

城门洞开时，通衢一般。从外城门攻进来，还没等我方做好防御，敌军可能就已经进入内城门了。

想到这儿，刘正彦正色道："苗将军，我们还是趁早做打算吧！余杭门拦不住韩世忠的。"

苗傅本想反驳几句，好歹自己在余杭门部署了这么久。最后想了想，还是觉得自己的小命要紧，留得青山在才能有柴烧。

为了给自己争取更多的逃跑时间，苗傅只挑选了两千精兵随自己离开，沿途保障安全。就在苗傅和刘正彦抓紧时间往涌金门逃窜时，勤王大军已经来到余杭门外。

夕阳西下，高大巍峨的城门被夕阳的余晖镀上了一层光泽。刚经历一场血战的韩世忠，虽有少许疲态，但精神气依旧十足。

此刻韩世忠并不知道苗、刘已经往涌金门方向逃走了，所以他派了自己麾下十分善于叫阵的士兵，在城门前呼叫，催促叛军出来对战。结果，城楼上的人没有丝毫动静，要不是能看见城墙边上影影绰绰的人影，韩世忠还以为余杭门已经人去楼空了。

再说城楼上的士兵，此刻只有一个小首领带着他们，这个小首领从来没有独自指挥过战事，对于要如何对抗完全是懵的。他其实特别想投降，但苗傅对他有恩，他只能坚守岗位。

韩世忠敏锐地发现余杭门不对劲，如果苗、刘还在余杭门上，刚刚被这样叫阵，应该早就忍不住发动攻击了。现在过去这么久了，却没有丝毫动静，想必这两人已经是跑了。韩世忠心里低咒一声:"该死的,还是慢了一步。让这两个王八羔子跑了!"

他转念想:既然苗、刘二人都跑了,那就先进城把官家接出来。现在重要头目都不在了,跟这些残兵打,也没什么意思。

韩世忠对着城楼大声喊道:"城楼上的将士们,我知道带领你们的苗、刘两人都逃走了,就剩下你们在这里驻守。暂且不说他们把你们抛下是对是错,就说我们都是大宋的将士,食君之禄,忠君之事,你们现在帮着苗、刘来软禁官家,对得起官家对你们的栽培吗?你们也不必害怕苗、刘两人会秋后算账,他们现在自顾不暇,根本没有工夫管你们。如果你们现在缴械投降,我会向官家禀明情况,饶你们一命。如果你们非要和我殊死一战,那我韩世忠会奉陪到底,到时候你们有命没命,我可就没法保证了!"

韩世忠说完这番话许久,整个余杭门内外都是悄静无声。不过韩世忠也不着急,他静静等待城楼上的将士做选择。

城楼上的小首领,细细琢磨了一下韩世忠说的话。这些兄弟们都是二十左右的小伙子,人生才刚刚开始,还有自己的父母亲人,不该命丧于此。而且苗傅这会应该已经逃出杭州城了,他现在投降也不算背信弃义。

打定主意的小首领,下令开城门迎接勤王军。两扇厚重的铁门缓缓开启,从里面出来一队身穿军服的小兵,他们快速放下铁门外的那一层闸板,直接跑到韩世忠面前谢罪。

韩世忠道:"各位将士,我知道你们也是被逼无奈,等我禀明官家,看他怎么处理!你们的首领呢?"

跪着的一个小兵哀声道:"他命令我们开城门后,就自刎了。"说完不由得抽泣了起来。

韩世忠顿时对这个忠肝义胆的小首领刮目相看,嘱咐身后的副将将这个小首领厚葬。

说完,韩世忠带着勤王军就往门内走去,除了刚刚的闸板和铁门,余杭门内还有一排闸门。如果这个小首领坚持不投降的话,想要进入城内,韩世忠也不敢保证会死多少人。这个小首领用自己的性命,成全了苗傅的知遇之恩,也成全了和这些士兵的兄弟之情。

白天勤王军在临平作战的时候,被软禁在皇宫的宋高宗赵构就知晓勤王军的到来。只是当时并不确定,勤王军是否能救他于水火。现在听说苗、刘已经从涌金门逃走了,他急急忙忙跑到宫外去等待勤王军。

韩世忠赶到宫门时,赵构已经等候多时了。看着韩世忠黝黑的脸,赵构不由自主地红了眼眶,心里想着:果然是患难见真情!韩世忠当真是个忠心臣子。韩世忠哪里见过官家这个样子,一时间也情难自禁,君臣二人就差抱头痛哭了。

南宋:韩侂胄惊觉不对,余杭门才是国门!

宋开禧三年(1207),余杭门成为一场阴谋的一部分。南宋太师韩侂胄被挟持,歹人声称带他出余杭门,却将他拉到候潮门杀害。

十月初三日清晨，东方刚刚露白。临安城内六部桥附近，一辆装饰华美的马车正疾驰而来。

车上坐的是当朝宰相韩侂胄，他似乎还没有从昨天晚上的那场宿醉中清醒过来，双眉紧皱，两个手轻轻地按压太阳穴。

昨天是韩侂胄三夫人"满头花"的生日宴会，几乎朝中所有的大臣都来了。觥筹交错、鼓乐齐鸣、莺歌燕舞，好不快哉。韩侂胄看到爱妾在宴会中笑得合不拢嘴，再加上大臣们各种花式追捧，他一时忘形，喝得不省人事。

殊不知，宴会后，就在他睡得正酣时，一场要将他置于死地的暗杀行动，已经在夜幕中悄悄开始。

此次暗杀行动的主谋是当朝杨皇后。

七年前，韩侂胄的族人韩皇后去世，那时的杨皇后还是杨贵妃，正在和曹美人争夺皇后之位。韩侂胄屡次进言，希望立曹美人为后。可最终还是杨贵妃技高一筹，得偿所愿。当上皇后的杨贵妃，对韩侂胄可谓恨之入骨。

有一次杨皇后总算揪到他的错处，向宋宁宗赵扩进言，要求废掉韩侂胄的太师之位，但赵扩并未同意。杨皇后看皇上靠不住，便决定自己动手。

杨皇后和自己的哥哥杨次山，将朝中和韩侂胄不对付的官员全部联合起来，共同筹划"诛韩计划"，其中就有礼部侍郎史弥远。史弥远找到了合作最佳人选夏震，要夏震配合自己的行动。起初夏震百般推脱，最后在史弥远的忽悠下，以为这是当今圣上的意思，才加入到"诛

117

韩计划"当中。

清晨,韩侂胄的马车走上了御街,再走几步就快到余杭门了。正在这时,空寂的街道上出现一声暴喝:"停车!"话音刚落,埋伏在附近的禁军一拥而上,将韩侂胄的马车团团围住。

车内的韩侂胄听到自己的马车被围住,冷哼道:"谁敢在老夫面前撒野。"夏震不卑不亢地回道:"圣上有旨,太师之职已被罢免,您必须即刻出国门。"韩侂胄听完大怒:"什么御旨,我为什么不知道?你们肯定是在假传圣旨!"话音未落,郑发、王斌等禁军挟着韩侂胄的马车往东奔去。

韩侂胄急道:"余杭门才是国门,为何你们要带着我往东走?东边不是候潮门吗?"禁军并没有回答他的问题,而是继续往前疾驰。

禁军当然不可能把他带到余杭门,说是出国门,不过是假托之词。余杭门外这个时候,早市已经开始了,各地来的舟船已经齐齐整整地泊在岸边了。此时要是挟着韩侂胄从余杭门出去,恐怕会节外生枝。候潮门外有一个玉津园,人迹罕至,是"诛韩计划"一早就决定好的地点。

韩侂胄挣扎不过,眼看着余杭门离自己越来越远,而自己曾身穿官服,无数次坐着轿子从余杭门走过的样子也渐渐模糊。

在这个平凡的早晨,韩侂胄被暗杀于玉津园的夹墙里。甚至死后,还被割了头颅,献给金国。一代权相落此下场,实在是令人唏嘘。

元：余杭门破天荒地进来一副棺木

北关门自南宋更名为余杭门以来，便禁止装了死人的棺木出入，到了元代依旧如此。但元至正年间（1341—1368），却有一副棺木堂而皇之地进了余杭门。

傍晚时分，杭州城北余杭门外，里三层、外三层站满了前来看热闹的百姓。在百姓包围圈里是一个几十人的车队，这车队倒没什么特别，只是有一口通体全黑的棺木特别引人注意。

余杭门外华灯初上，北关夜市上却不见往日喧闹。能让老百姓关注的棺材到底是什么来历？

原来，棺木里面是江浙行省左丞相达识帖睦迩，他死前留下遗言，想埋骨于此。其子遵从遗愿，扶柩回乡。

然而余杭门在杭州众多城门中，有其特殊之处。

余杭门在南宋以前叫北关门。"北关"在杭州话里又和"百官"发音接近，所以北关门在民间又被俗称为"百官门"。

北关门这个名字可以追溯到吴越国时期，吴越王钱镠修建杭州城垣时就将这个门命名为"北关门"。这扇城门历经坎坷，南宋时期被称为余杭门，明代又改成武林门。

北宋时期，官府明确规定，北关门不得进出装有死人的棺木，认为棺木是对皇帝的一种亵渎。这种有碍观瞻的物品，只能从北关门附近的天宗水门[1]通过。

---

[1] 北关门附近的水门。元末改旱门，称小北门，以门名巷。

虽然此时朝代已经更替，但这种约定俗成的习惯依然没有改变。所以，老百姓竟弃夜市而不顾，在城门口围观一个毫无看点的棺木。

达识帖睦迩之子带着车队才来到余杭门前，就被守门的官差拦住了去路。官差道："站住，你们是从哪里来的，不知道余杭门不允许棺木入城吗？要么绕到天宗水门，要么就从哪来回哪去！"

达识帖睦迩之子怎么说也是权臣之子，如今被一个小喽啰在这指手画脚，真的是怒从心起。奈何想到父亲还在棺木里躺着，实在不宜在此发生纠纷。

他按捺下怒意，请求守门官兵将自己父亲的信物呈给杭州知府。他心想：杭州路达鲁花赤和父亲是旧交，看到父亲的信物应该会让棺木通行。

守门的官差看到这个中年男子拿信物出来，顿时有点慌了：这人莫不是什么朝廷显贵，或者是达鲁花赤大人的亲戚？于是，官差立马端正自己的态度，双手将信物接下，火速派人前往衙门通报。

不一会儿，杭州路达鲁花赤便乘轿而来。达识帖睦迩之子还没来得及行礼，便被达鲁花赤拉住双手。达鲁花赤道："听闻令尊不幸辞世，我不胜悲痛。只是，余杭门的确从北宋开始就没有进过棺木，我如今要给你开这个先河，也是颇有压力。但是令尊生前精忠报国，我着实钦佩，所以今日就是冒天下之大不韪我也要迎令尊入城。"

达鲁花赤话音刚落，人群一下子就沸腾了，大家一脸不可置信地看着那口棺木随着车队慢慢进入余杭门。

北关门：夜市的篝火已明晃晃地燃起，门下的战争却并未远去

《西湖志·北关夜市》

车队进入城门后，城里面的行人也被吓了一跳，纷纷驻足观看。等到车队彻底消失在人们的视野中，大家才开始议论纷纷。

"这个棺木是什么来头，怎么还能从余杭门里进去？"

"估计不是皇亲国戚，就是达官显贵，反正不可能是普通人。"

"你看，府衙的衙役还在前面开路呢，今天可真是大开眼界呀！"

……

热烈的讨论声不绝于耳。

从隋建城门开始算起，北关门已经有千年历史，它驻守在杭城北边，看王朝兴衰、观历史更迭，有关它的故事更是数不胜数。

参考文献：

脱脱等：《宋史》，中华书局，1985年。

程旭华：《我爱杭州武林门》，西泠印社出版社，2011年。

叶绍翁：《四朝闻见录》丙集《虎符》，中华书局，1989年。

杭州地方志办公室编：《明成化杭州府志》，西泠印社出版社，2011年。

武林门：道城里城外事，梦里花落知多少

清：为一睹康熙真容的百姓们一大早便赶到武林门

清康熙二十八年（1689），康熙皇帝的御驾到了杭州武林门外，这可把一名叫金张的教书先生激动坏了。

因为住在杭州城内褚堂巷的娘舅家有喜事，金张特意从城北运河乘舟前去道贺，并未提前知会。小舟泊在岸边，金张拎着从家里带来的一些土产，乐呵呵地往武林门走去。

刚走到武林门外，金张心里就开始犯嘀咕了：往日繁华喧闹的武林门，今日竟有些反常。记得上次来娘舅家，也是从武林门进的城，可是情形完全和今日不一样。

他还记得，当时他给娘舅说："杭州城里的人的确比我们这些乡下人要注重仪表，你看那些女子，要不是梳着妇人的发髻，光看那妆容精致的脸蛋，我还以为是芳龄二八的少女呢！"

"别光顾着看女子，你没看到附近还有很多英俊潇洒的少年吗？就连那嬉戏打闹的小孩，也是穿着得体，肤

若白雪，十分讨人喜爱。"娘舅笑着说，"武林门是杭州城的门面，从古至今，有碍观瞻的人和事物都不能从这里经过。你看这武林门附近的房屋都像是一个模子里刻出来的，这些都是官府亲自督办的。"

娘舅这样一说，金张也发现武林门似乎和其他门有所不同。

金张抬眼望去，沿街的房子，绿瓦白墙黑门，门外有短扉。就连院子里的篱笆也都统一用蒿草编织而成，外面用白土进行装饰。在枝繁叶茂、高大俊秀的冬青树下，这些由官府统一督办的房屋显得十分清俊雅致。

此时金张走在比往日安静不少的武林门外，心想这到底是什么情况。这时，一个过路的老者叫住他："小伙子，你是从外地来的吧？"金张连忙道："正是，在下是从乡下来的，要去娘舅家贺喜。不知道今天武林门为何如此反常，我记得往日武林门很热闹啊！"

这位老者道："明天，皇上要来我们杭州城巡视，到时候銮驾要从武林门进，所以官府今天把武林门给禁行了，你从这里进不去的。"金张听了老人一席话恍然大悟，他有礼貌地谢过老人，再往其他城门走去。

金张绕了一大圈，终于进了城。城里面的氛围的确跟平时不一样，到处都有巡逻的官差。街道已经很干净了，还是有人在不停地打扫。城内的店铺基本上都关完了，店铺外用厚厚的青布遮挡着。

金张加快脚步往娘舅家走去。到了娘舅家，一大家子人都坐在屋子里谈笑，看到金张来了，他们惊喜万分。娘舅惊道："你小子来得可真是时候，再迟来几个时辰，你就进不来了。"金张说:"我刚刚进来的时候,武林门已经关了,我从其他门进来的。"

娘舅笑着说:"明天皇上要来我们这,御驾从武林门进,这次破天荒允许我们夹道迎接,还可以抬头看皇上两眼。所以官府特别重视,估摸着到了晌午,就要全城戒严了。"

金张一听居然可以去武林门观天颜,顿时激动了。等级制度森严的古代,老百姓对于和皇权有关的一切事物都有一种天然的敬畏。更何况如今代表着至高皇权的皇帝,还是那个"八岁登基,铲除鳌拜,平定三藩"的康熙皇帝。金张心想,这辈子即便有幸中举,也不见得可以窥见天颜。没想到,无意中来娘舅家走一遭,竟然能遇到此等好事。

入夜,金张躺在床上,听着门外不断传来巡逻将士的脚步声,久久难以入睡。五更天,后院的鸡叫了头遍,武林门城墙上的炮便响了。早已穿戴妥当的金张一打开房门,便看见娘舅一家已经齐齐整整地站在前厅,等着他一同前往武林门。

天色尚早,整个杭州城还笼罩在夜色之中。黑压压的人群已经向武林门挪动了,他们沉浸在即将要见到皇帝的喜悦当中,脸上挂着藏不住的笑意。

在人群中被推来搡去的金张终于来到了武林门,此时路两边已经挤满了人,看这架势,不知道的,还以为他们是一晚上没睡都在这里等着。人们穿着平日里不舍得穿的新衣服,淳朴的面容上有局促,也有期待。路中间的官兵身穿簇新官服,脚蹬黑色官靴,一看都是精心挑选的精神小伙儿。

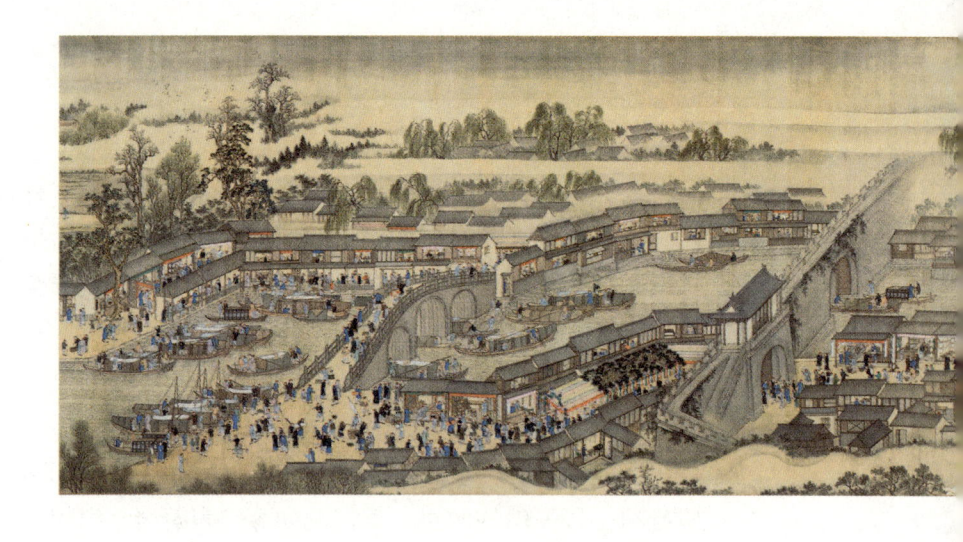

日头慢慢地升起来了，朝晖映照在百姓的脸上。所有人都伸长着脖子，往武林门外看去。

突然人群中一阵骚动，皇上来了！

大家像商量好的一样，齐齐屈膝下跪。官府早就叮嘱他们，不能口喊"万岁"，成千上万人竟然没有传出一丝声响，实在是令人惊叹。

只见远处一个身材高大的内侍，高举着一把象征皇权的黄色御伞。御伞前是洒水的太监，他们身穿蓝色太监服，翘着兰花指将水轻洒在路面上。

御伞后是身穿黄色官服、手持弹压皮鞭的御林武尉。他们手中的皮鞭不时从百姓头上掠过，偶尔打在某个人身上，就会引来一片无声的赞叹，因为他们认为触碰到皇家的皮鞭也是一种无上的荣耀。

金张跪在前面，抬头望去，康熙的御辇已经穿过武

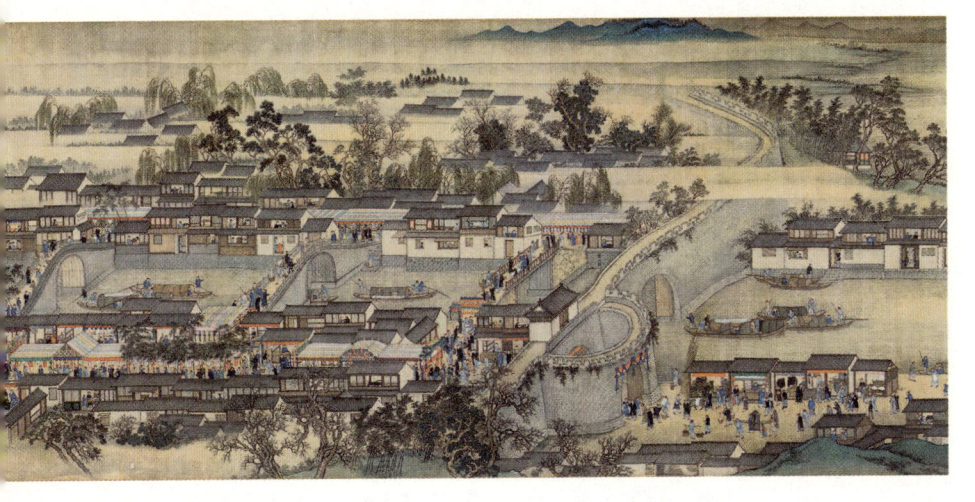

武林门：道城里城外事，梦里花落知多少

《康熙南巡图》杭州段，可考证出武林门大致位置

林门，来到众人面前。人群中静得只有车轮吱吱前进的声响，根本不像现代电视剧中，皇帝还会晃着手和群众打招呼，群众在那里山呼万岁，并且不断涌向御前，连一旁维持秩序的官兵都被推得站不住的情形。

金张看到御辇的那一刻，心跳一下子飙升。他暗骂自己没出息，但还是控制不住地紧张。御辇前面的帘子是卷起来的，身穿明黄色龙袍，头顶红色冠帽，脖子上挂着朝珠的康熙不怒自威。他面容白皙，前额宽大，身形挺拔，两眼有神，颇具帝王威严。

观完圣颜的金张，随着人流回到娘舅家中，心潮澎湃的他实在耐不下性子和娘舅他们闲聊，独自回到房中，将今天的所见所闻写入《芥老编年诗钞》中。

据清朝文华殿大学士高晋主撰的《南巡盛典》记载，康熙这一次南巡，可能被一早等候在武林门内的百姓所打动，龙颜大悦。他御笔亲提："免除浙江一年田赋；赐给八十岁以上老者各一份粟米一匹布；免去七十岁以上老人每年徭役；增加浙江各府童生（秀才）名额。"

杭州臣民得知康熙颁布了这样一道圣旨，简直是感激涕零。浙江的官员建议为康熙建亭，祝福皇上万寿无疆。于是，武林门外，感念皇恩浩荡的"万寿亭"迅速落成。

康熙南巡路上，杭州是重要的一站。后来乾隆学习祖父南巡，也将杭州作为南巡的重要地点，多次到杭州巡视。

历代皇帝巡查，都不允许文人记录圣上行踪，野史也少有记载。多亏金张，我们才能知道康熙第二次南巡的盛况和当时百姓对他的尊崇与爱戴。

清：盲人打更惑清军，李秀成"围魏救赵"出奇招

清咸丰十年（1860），还在酣睡中的杭州将军瑞昌从梦中惊醒。

管家在门外喊道："将军，将军……"

瑞昌睁开迷迷瞪瞪的双眼，十分不耐烦地说："到底是什么要紧事，非要扰人清梦？"管家听到自家将军的口气，有些瑟缩地说："陈炳元大人说自己有要事向大人禀告，十万火急。小的也是没办法才来扰您清梦。"

瑞昌一听候选道陈炳元来了，起身随便套了件衣服，就让请陈炳元进来说话。陈炳元一脸焦急地跑进房间，说："将军，武林门外发现了太平军。"

听到"太平军"这三个字，瑞昌脑子里嗡的一声。他之前在天津的时候就协助僧格林沁围堵过太平军，好

不容易去年调到杭州才卸下大任，过了个好年。怎么这群太平军又打到杭州来了！

瑞昌抑制住被吵醒的烦躁，顾不得洗漱，就往武林门奔去。

只见武林门外站满了戴着头巾的太平军，站在首位的赫然就是忠王李秀成。

就在不久前，清军集中了大量兵力围困金陵（今江苏南京），金陵城内的太平军眼看就要弹尽粮绝。忠王李秀成收到急报后，心急如焚，奈何无法立即支援。经过多日的苦思冥想，他终于想出了一条妙计，那就是"围杭救金"。

杭州是清军的屯粮之地，如果将杭州攻破，清军肯定会抽调大量兵力赶往杭州，到时金陵城外兵力空虚，太平军就有了反败为胜的可能。

说干就干，征得洪秀全的同意后，李秀成率领六千多轻骑兵就往杭州进发。为了更快到达杭州，他让太平军换上清军的服装，打上清军的旗帜，果然一路上极为顺利。

这晚，太平军到了杭州城外，先将清军衣物和旗帜换去，才开始叫战。

短暂惊愕之后，瑞昌便命副都统来存组织精锐兵力出城，他告诉来存："无论用任何手段，务必要将太平军消灭在城外，千万不能让他们进城。"说完他就赶紧奔向进出旗营的唯一通道——钱塘门，去布置防务。

瑞昌走后不久，太平军已经开始往城门处涌动。陈炳元一看形势不妙，就命手下偷溜出城，点燃武林门外那一排排棚屋。一时间武林门外火光冲天，聚集在城门口的太平军急急后退。

大火稍停，趁着太平军还没有反应过来，来存率领一千精兵从城里杀出。来存手里这些所谓的精兵，完全不是太平军的对手，三两下就被太平军打得丢盔卸甲。他只好趁太平军不注意，带着残兵败将灰溜溜地逃回城内，立马关闭城门。

李秀成命部下谭绍光带领太平军攻城。谭绍光身先士卒，指导各位士兵将云梯架在城墙上。

城楼上，陈炳元看见太平军企图通过云梯打进城内，马上命手下将火炮、弩箭全部准备妥当，等太平军一接近城门，就开炮、放箭。炮声隆隆、箭雨密布，在如此强烈的战斗下，太平军还是继续往云梯上攀登。

只是城墙原本就修得坚固陡峭，十分不易攀爬，再加上守军的殊死抵抗，太平军并没有捞到什么便宜。不时有人从云梯上摔落，惨叫声、喊杀声不断撞击着人的耳膜，残酷而惨烈。

李秀成的本意是速战速决，却没想到在武林门这里就遇到了对手，双方完全陷入胶着。这样耗下去，城不但攻不了，带来的精兵也将损失大半，不利于后面的计划。于是，他不得不放弃强攻，收队回去，重新想办法。

九天后，李秀成带领太平军，从清波门挖地道攻入。武林门的守军听到消息想要去支援，却被从城内突围过来的太平军打得四散奔逃。这一次，李秀成成功拿下了杭州城。

他进入杭州后的第一件事，就是把城中所有裁缝都集中在一起，连夜赶制太平军各色旌旗。第二天，各种各样的旌旗被送到了太平军的营地中，李秀成命令手下把这些旌旗插满城北的城墙。风一吹，城墙上的太平军旌旗随风飘动，甚为壮观。

所有的事情都按照李秀成的计划在推进。

远在京城的咸丰帝听到李秀成占领杭州的消息，立刻将围困金陵的精兵抽调出来，让他们跟随江南大营张玉良前往杭州消灭太平军。

张玉良接到圣谕，一刻也不敢耽搁，立马率兵前往杭州。来到杭州，首先映入眼帘的就是太平军的各色旌旗。张玉良被插满城墙的各色旌旗迷惑了判断，本来想大干一场的雄心壮志开始动摇。

再说李秀成站在武林门城楼上，看到张玉良率领江南大营的兵马前来，心中暗喜。他"围杭救金"的目的已经达到，下一步就是金蝉脱壳，走为上策了。

李秀成向城门下的张玉良喊道："这位将军，我是忠王李秀成，奉天王之命来占领杭州。如今杭州已在我手中，你就带了这么一点兵马，就想把杭州城夺回去，是不是有点自不量力啊？"

听到李秀成张狂的话语，张玉良不发一语。再次看了看旌旗密布的城墙，越发不敢贸然行事。思索再三，他竟然退兵几十里，在城外安营扎寨，静待时机。

李秀成看张玉良信了自己的话，便开始进行下一步"迷惑"大计。他命军士在杭州城内找来十几个盲人，发给他们每人一个梆（军中敲更的器物）。让他们两人为一组，一人引导，一人敲梆，在城墙上来回走。一组的工作时间为四个时辰，昼夜不停。

李秀成刻意让太平军安静了一整天，让盲人误以为太平军就是这种行军风格。到了第二天晚上，已经熟悉巡城路线的盲人在称职地打着梆，好似一切都如往常一样。

那天晚上，太平军在夜色的掩盖下，悄无声息地从清波门的地道里出城，连夜赶往金陵。

驻守在城外的张玉良不敢轻易出兵，整日煎熬，总想有什么万全之策能够助他一举将太平军击退。他在这边心急如焚，却不想此时的太平军驻地已经空无一人了。

再说杭州城内的百姓，在太平军攻进来的时候，天天关门闭户，生怕战火殃及生命。可是，近日怎么也听不见太平军与清军交战的声音。胆大的市民，悄悄来到武林门口，只看见武林门里面堆满了土方，将整个城门堵得严严实实。再看城楼上，空无一人。

百姓们这才恍然大悟，太平军已经走了。为了恢复正常的生活，他们齐心协力将武林门内的土方一点点挪开，就这样，紧闭多日的武林门终于缓缓开启。

这边张玉良听说城门开启了，赶紧率部前来迎战。没想到，城门打开后，看见的不是太平军，而是杭州城的老百姓。好哇，原来自己在城外焦急想策略的时候，太平军早已经撤走了。

武林门：道城里城外事，梦里花落知多少

武林门旧址

　　张玉良知道自己被太平军耍了一道，又气又没有办法，只能安慰自己，下次遇到太平军的时候，绝不会放过他们。

　　张玉良的大军成功入驻杭州城，清朝的蟠龙大旗又重新飘扬在城墙上。不管过程如何，反正杭州城又回到了清军手中，张玉良也算白捡了一功。

　　武林门是杭州十大古城门中最古老的一座，被拆除后也有石碑立于原址以作凭吊。如今武林路和体育场路交叉口，西北角是茂密的绿化带，其中一棵樱花树下，就立着写有"古武林门"的石碑。

人来人往的水泥路早已看不出曾经巍峨城墙的痕迹，取而代之的是一个叫万向公园的地方，供周围居民娱乐休憩。武林门状似消失了，但此处的"武林路"与万向公园的别称"武林小广场"，仿佛又在宣告：武林门依旧存在。

参考文献：

王穉登：《客越志略》，清光绪七年（1881）。
金张：《岕老编年诗钞》，清康熙年间（1662—1722）。
张大昌：《杭州八旗驻防营志略》，清光绪十九年（1893）。
黄燮清：《倚晴楼诗续集》，清同治九年（1870）。
罗惇曧：《太平天国战记》，重庆出版社，1998年。
曹晓波：《武林门外鱼担儿》，《杭州日报》2006年9月6日。

涌金门：未说湖山佳处在，清晨小出涌金门

涌金门在官方称呼之外还有个"小金门"的俗名，当年杨万里来到杭州还曾有诗"未说湖山佳处在，清晨小出涌金门"介绍小金门。涌金门外不是菜田也不是米市，而是游船码头。倘若有人要去游赏西湖，必定途经此地，因此又有"涌金门外划船儿"的俗语。

南宋：寄予百姓无限期望的"涌金"门

苏轼曾说过："一更山吐月，玉塔卧微澜。正似西湖上，涌金门外看。"[①]西湖，就在涌金门外。

西湖还有另一个名字叫钱塘湖，而钱塘湖又叫金牛湖。宋人赵彦卫曾在《云麓漫钞》中提到，据说西湖曾涌现金牛，所以又叫金牛湖。金牛是祥瑞，如果有明君出世，它就会从湖中现身，而这金牛现身的地方就是涌金门。

"涌金"也有另一层含义。传说汉朝时西湖干涸，杭州一带民不聊生。这金牛不忍百姓受苦，便现身张口吐水，填满西湖。

[①]苏轼：《江月五首》，《苏轼全集》，上海古籍出版社，2000年。

当地谄媚的官员听说此事,一心想抓住这只金牛献给皇帝。他们强制百姓将西湖水抽干,果然这只金牛再次出现。但这些官员的行为激怒了金牛,它张口吐出洪水淹死了这些官员,从此之后,金牛再也没出现过。

西湖水对杭州城来说非常重要,而涌金门则是将西湖水引进城中的重要一环。

唐建中二年(781),当时杭州刺史的位子上坐的是李泌。李泌是个关心老百姓的,他在杭州城里一看,怎么人这么少,问题出在哪儿呢?他就派人四处走访,才知道钱塘江咸潮逼城,城里都是咸水,又苦又涩,人没法喝。人没水哪儿能活呢?所以杭州城的居民就不多。

找到症结就好办了,李泌四处找寻淡水,发现西湖正是淡水。于是李泌就带人在因为靠近西湖而相对人口稠密的涌金门一带开凿六井,这六井分别是:相国井、西井、金牛井(一名金牛池)、方井、白龟井、小方井。

这六口井开凿好以后,李泌就在这六井下方埋设瓦管与竹筒,用这种办法将西湖水引进杭州城供人们使用。从此以后杭州人就喝上了淡水,有井的地方人越来越多,杭州城也慢慢富裕起来。

后唐清泰三年(936),钱镠的儿子,第二代吴越王钱元瓘入朝拜见皇帝,委托曾任金华令的曹杲管理国事。曹杲注意到杭州百姓饮水困难,于是引西湖水入城为池,浚清涌金池,筑涌金门。涌金门外就是西湖,东侧还专设一道水门,水门上设有水闸,取名为"涌金闸"。

钱元瓘回到杭州后,对曹杲大为嘉奖。他还亲自题了"涌金门"三个大字,派人刻在石上,立在池旁。

杭州城的百姓们也很感激曹杲，为他在涌金池边上立了庙。因曹杲曾经担任过金华令，这庙就叫金华将军庙。

涌金门不止跟杭州百姓的饮水有关系，还是百姓去西湖游玩的必经之路。

涌金门外就是游船码头，西湖游船多在此聚散。北宋徽宗年间（1119—1125），因西湖风景优美，游览的人很多，涌金门外形成了市集。时令鲜果、点心饮食、打杂儿的、卖艺儿的……无所不包，无所不有。很多杭州人就靠在涌金门外做点小买卖为生，

有一名叫武松的大汉，也是这样，在涌金门外打拳卖艺为生。武松身高八尺，膀大腰圆，常年打拳练得一副好身手。他在市集上卖艺，回回都能赢得一片叫好声，倒也能挣得衣食饱暖。

杭州旅游业繁荣发展，也带动了涌金门周围的产业链，附近经济发展得风生水起。

巧的是，虔州（今江西赣州）人把贡江（今赣江）最繁华的码头也取名为"涌金门"，他们在这个名字中寄予了本地能像涌金门一样"涌金"的期望。

没多久宋高宗赵构将临安的涌金门改名为"丰豫门"。而这次改名又有这样一个故事：

事情起源于涌金门边上的丰乐楼。涌金门直对青山绿水，按照堪舆（风水）家的说法，犯了"山水之冲"。为了缓解这种冲突，他们特意在与门相对的位置建了一座如同"屏障"的高楼，取名"丰乐"，有五谷丰登、天下安乐之意。

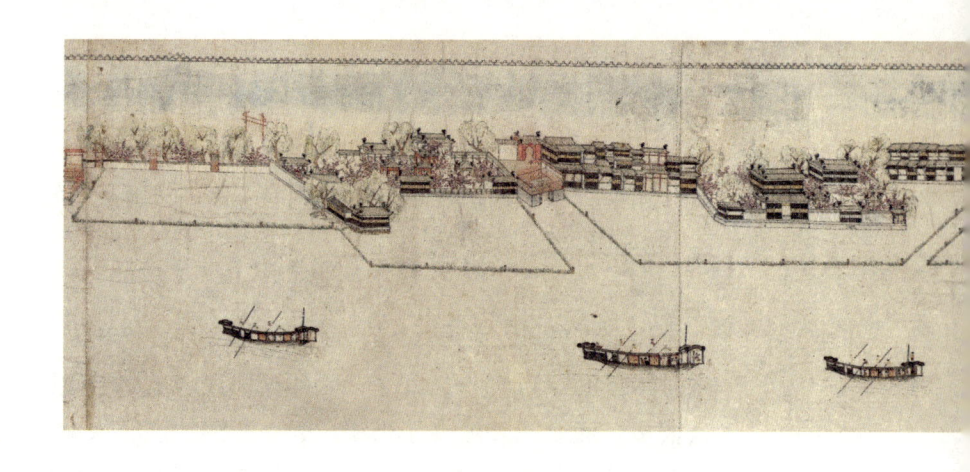

这丰乐楼倒也不辜负这"丰乐"之名。

丰乐楼共有三层,每层都有五间。飞檐高耸,气势磅礴。飞桥栏杆,珠帘绣额。赵构定都临安后,丰乐楼就成了官家的专属,又称西子库。

丰乐楼领"库事"的都是东京旧人,席上也都是旧时风味,什么曹婆烧饼、薛家羊饭、梅家鹅鸭等都是随叫随到还绝对正宗。

这使得南渡的宋人倍感亲切,就连抗金名士张孝祥来此,也暂且忘了一腔壮士扼腕的亡国之痛,轻声吟唱"涌金门外小楼东。行行又入声歌里,人在珠帘第几重"。

丰乐楼不仅有美食,还有美酒和美人。每年仲秋,丰乐楼都要举行开瓮呈酒样仪式,场面极其热闹。丰乐楼里的歌伎分三等,各自按等级穿衣打扮,后按序成队。每个队列前立有一支竹竿,上有一块三丈长的白布,写有"某某高手酒匠"。歌伎表演完毕则是各色演艺,装扮灵怪的傀儡戏最受欢迎。最后是八人抬的一坛样酒,队伍会沿着涌金门直街一路向东,边走边敲鼓伴奏,直

《西湖清趣图》上丰豫门和丰乐楼

到府治衙门……

宋绍兴二十八年（1158）仲秋，赵构出宫凑这开煮呈酒样仪式的热闹。暮光中，白日里的欢声笑语还未散去，丰乐楼的灯烛已经次第亮起，满楼的辉煌，丝竹琴瑟接连不断……

赵构怔怔地看着丰乐楼，好半晌才回过神来，对身边的中官说："莫不是我看错了？这不是旧京东京（今河南开封）吗？竟是这般'丰亨豫大'啊！"

回宫后，赵构就下旨把涌金门改名为"丰豫门"，以示对旧京的怀念。

南宋：张顺惊觉眼前全是箭镞

丰豫门恢复原名涌金门后，一名身穿青衫的中年文士，手执纸扇，站在丰乐楼的大堂前说书讲史。

"前些时日，这丰豫门又改名涌金门。今儿我就给大家伙儿说说西湖边上的涌金门。"说书人说道。

"涌金门分为两个城门,一个是旱门,一个是水门。水门还设有水闸,取名为涌金闸。因水门连接城内涌金池和城外西湖,因此依着西湖可御可守,这涌金门是没有增设瓮城的。北宋年间,发生了一件跟涌金闸有关的大事,且听我慢慢道来。"

说书人哂了口茶,巡视一番楼里的客人们,直到有人给了赏钱,这才往下说。

诗曰:

> 家本浔阳江上住,翻腾波浪几春秋。
> 江南地面收功绩,水浒天罡占一筹。
> 宁海郡中遥吊孝,太湖江上返渔舟。
> 涌金门外归神处,今日香烟不断头。[1]

这宋江领命讨方腊,到了杭州准备先攻涌金门,就将大军屯在湖对面的北山。半个月里,毫无进展。"浪里白条"张顺耐不住了,他想凭借水性潜过西湖,经那涌金门下的水道进入城中,只要稍稍一把火,就可让城外的宋江趁机攻城。

打定主意的张顺当晚便在身上藏了把蓼叶尖刀,照常和兄弟们痛饮几杯后,悄悄来到西湖岸边。只见那湖水在夜色中隐隐发亮,三面青山遥相对望。他在观察涌金门附近的情况,却因为夜黑看不真切。

张顺来到西陵桥上,看了半晌,脱下布衫,放在桥下。他轻装简行,只着裤子,将尖刀挂在手臂上,赤着脚,鱼似的滑入水中。

此时已是初更天气,月色微明。他自水下抬起头来,

---

[1] 施耐庵:《水浒传》,人民文学出版社,1975年。

涌金门：未说湖山佳处在，清晨小出涌金门

张顺神归涌金门

发现自己已到涌金门边。侧耳倾听，城内正在打更，城外一片静谧。城上女墙边，有四五个人在那里探望。张顺再伏在水里去了。

又等待了一会儿，他微微将头伸出水面，发现墙边人已经少了一个。他顺势摸到水口，探到水下有铁栅栏拦路，栅栏里还有系着铜铃的水帘。

张顺伸手试探栅栏,发现纹丝不动,只好另想办法。他想了会儿,用手去够水帘,一扯就听见铜铃纷纷响起。

城上一阵骚乱,张顺只好再次潜入水中,静观其变。

果然,没一会儿就有士兵来查看水帘。那人仔细探头观察水下,疑惑道:"奇怪,这铜铃怎么莫名响动,难不成是水里的大鱼扑将上来撞响的?"这几人挠挠脑袋,见也没什么异常,准备回去继续睡觉。

后来,城上已打三更鼓。张顺却并不着急,而是等城中更鼓又响过几遍才行动。原本想从水道进城的,他发现水里是入不得城的,只能从岸上潜入。于是,他爬上岸,发现四周寂静一片,正要翻身上去……

这时他突然想到:不行,如果城上有人,那不是白白折了性命。我还是要先试探一番。张顺这样想着便从手边摸了些石块,使劲一掷,石块就撞上城墙发出响动。城上还有些未睡熟的士兵,一听有声响,一股脑爬起来查看却没发现任何可疑踪迹。他们眺望湖面,也没敌船,可真是奇了怪了。

"见鬼了,三更半夜的不时就要响动一下。"张顺的虚晃两招调起了守城士兵们的脾气,他们埋怨一通,骂骂咧咧地说:"我们快去睡吧,不要理那作弄人的小鬼。"

口中说着去睡,这些人却没一个闭眼,而是统统趴伏在墙边。

张顺也耐得住性子,一直等到城内又响起更鼓,才支起耳朵探听楼上的动静——果然都睡熟了。他故伎重施,又捡了个石块投掷,依然没有动静。

他心想:已经四更,马上就天亮了,此时不进城,更待何时?他打定主意便摸到墙根准备爬上城去。手脚并用,只是没有想到,刚到半城,就听见上面一声梆子响,看见城上涌出一队人马。张顺见状转身就跳入水中准备逃跑。

城上的弩箭、竹枪与鹅卵石追着他的背飞来,张顺刚入水就受了一箭,紧接着又是一枪……可怜"浪里白条"张顺好汉,竟然殒命于涌金门内水池中。

说书人话音刚落,楼里一阵喧闹,叫好的,哀叹可惜的,还有嘲笑说书人的:你这哪儿说的是涌金门,说的是梁山好汉!

说书人只答:说这浪里白条张顺,是为了告诉大家伙儿,咱这涌金门可不只富贵繁华,也有那金城汤池,强弓硬弩……

涌金门:未说湖山佳处在,清晨小出涌金门

《水浒传》(一百回本)第九十四回"宁海军宋江吊孝 涌金门张顺归神"书影

清：那年涌金门边雍正微服私访竟被书生"戏耍"？

清康熙二十八年（1689）二月初五，一切都在紧锣密鼓地准备着。涌金门就连空气里都弥漫着紧张的气息。

涌金门旁，一个瘦弱书生，穿着已经洗白的长衫，不顾自己的卖字摊，旁若无人地斜靠在城门下，看着来来往往的人群……涌金门城楼上有一副楹联："长堤接清波看水天一色；高楼连闹市绕烟火万家。"

门外就是西湖。前段时间官府召集民工对西湖进行了疏浚。先是挖出淤泥水草，然后筑堤植柳。每天都有大量民工从涌金门进进出出，日日忙乱不堪。无数工具材料通过涌金水门运到西湖边上。站在涌金门外还能看到没建好的孤山行宫，那边到处堆放着木材砖块，远远就能听到干活的喧闹声。

自涌金水门经过城内的运河渐渐被疏通，保准从运河一溜儿就能到西湖上。运河河道三不五时就有人来捞落叶枯枝，就连涌金门的大门，也是每天早晚都有人擦洗，恨不得连门缝都没有一丝灰。

如今，就等着康熙皇帝南巡的御船行至杭州了。

二月初九，为了迎接康熙的到来，这瘦弱书生特意换了身没有补丁的麻布长衣。那天，大街小巷和涌金水门、旱门都挂满了灯笼绸带，沿河沿街都跪满了人。

一队大船呈人字形顺着河道向涌金门驶来，各色的旗子插在船侧，有黄色的三角龙旗、有白底蓝边的……五色锦丝编成的缆绳在阳光下格外夺目。

风帆半挂，船缓缓驶过涌金门，朝着西湖去。山呼万岁的声音一浪接一浪。

出了涌金门，西湖岸边张着各色锦幔，遮天蔽日。游船码头上还铺着红毡，以备康熙皇帝上岸用。这是康熙皇帝第二次南巡，却是第一次到杭州。这一次他的到访主要是为了治理河道，然而十四年后的到访，却是为了好好领略一番杭州的风情。

清康熙四十二年（1703），康熙带着亲眷一同出行，到达江南后就住进了孤山行宫中。

那天天气很好，清晨的西湖上铺了一层金灿灿的阳光。有幸和康熙一同来到江南的胤禛（雍正）心情不错，换了便服在杭州城内体察民情。他一路吃过了杭州的各色小吃，在米店问过了本地的米价，又在书铺里看了一圈私刻的印书，才往涌金门走去，打算乘着乌篷船在西湖上转转。

当他走到涌金门外时，在一群卖点心小吃、蝈蝈笼子、纸扇绸伞的小贩中间看到一个书生在卖字。那书生也不搭理人，不管自己的字画是否能够卖出，自顾自地看着西湖发呆。

高大的城门旁，那个瘦弱的书生穿着一身洗白的长衫，身旁摆着一张木桌，桌上摆了笔墨纸砚。书桌旁是一个竹架子，架子上挂着几幅字，其中一幅上写的正是城楼上的楹联"长堞接清波看水天一色；高楼连闹市绕烟火万家"。

这场景在喧闹的涌金门外简直格格不入，格外吸人眼球。

胤禛心生好奇，他走近一看，那字写得很好，写字的人在永字八法上颇有造诣。他突然想现场观摩书生的书法，于是指着白纸对书生说："请先生写一副'落霞与孤鹜齐飞，秋水共长天一色'吧！"

书生回过神来，干脆应下了，随即大笔一挥，将这一联写下，然后将对联递给胤禛。

胤禛看他写字的气势倒是很足，接对联一看，却是楞了：纸上的"秋"字，"火"与"禾"的位置却是颠倒的。这字不是这样写的吧？

胤禛迟疑地看了一眼书生，问道："先生，你这'秋'字写错了吧？"

书生的动作微微一顿，然后自然地举了很多名人的例子为自己辩解："这'秋'字就是这么写的，比如……又如……都是这样。"

胤禛失笑，看着书生滔滔不绝的样子，竟然也相信"秋"字就是这么写的。他觉得这人倒是有趣，于是问道："先生高才，怎么不去参加科举而是在这里卖字？"

书生见他似乎相信了自己的话，心里松了口气，"唉"了一声，说："我以前也考过科举，可惜家里太穷了，连妻子儿女都养不活，只好卖字求生，哪里敢奢求当官富贵呢？"

胤禛听后竟然拿出几块金锭放在书桌上，对书生说："我经商得了些钱财，不如资助先生求取功名。希望先生富贵了不要忘记我！"随即转身离去。书生从未见过这么多钱，一时间有些吓坏了：这究竟是什么人？

书生想问明对方的身份，却不知对方已经远去，只留下一个背影。

乌篷船上，胤禛喝了一口茶，笑了，心想：学吕不韦资助人才倒是有趣。

胤禛不曾想到，在他登基以后，他又遇到了这个涌金门外卖字的书生，可那时书生已经在翰林院任职了。胤禛认出了那个书生，于是他写了一个"口"在左边的"和"让书生看，书生却说这是同一个字的异体。

胤禛笑而不语，让书生退下了，他知道书生已经忘记了当初在涌金门下发生的事。

胤禛与涌金门的缘分不止这一点。

清雍正三年（1725）四月，胤禛把年羹尧贬为了杭州将军，希望他能在风景秀丽的杭州好好反省自己的过错。谁知年羹尧每天都搬着一把椅子放在涌金门边，极有气势地端坐着。

老百姓无论是出城游玩，还是进城卖菜，宁愿绕远路也不敢从涌金门出入。即便有时他不在涌金门，百姓们都要相互问询："年大将军在哪儿呢？"

胤禛听说后气得不行，冷笑着对苏培盛说："他这是不服朕的处置，觉得朕不敢动他呢！"

五个月后，朝堂上与年羹尧不对付的人已经做了充足的准备，由胤禛下令将他抓到北京。朝臣共给年羹尧开列了九十二条大罪，按律应处以极刑，但胤禛念他功勋卓著，特让他在狱中自裁。

城门次第开 **HANG ZHOU**

涌金门碑

年羹尧喝下毒酒，倚着墙缓缓坐下，突然想起守在涌金门时看到的落日。暮时光辉映在西湖水面，波光粼粼，好似金子融化后涌来，灿烈至极，跟自己的人生真像啊！

1913 年，随着杭州城西北角旗营的轰然倒塌，清波门、涌金门与钱塘门之间的城墙就变得格格不入。没多久，这一带的城墙就被拆除，当地官员顺势用拆下的砖瓦铺就了湖滨路与南山路。守护了杭城人近千年的涌金门，转身又为杭城人铺平了通往西湖的道路。

今天，如果想怀念涌金门，请往南山路和涌金路交叉处走。那里或许还会有孩童唱着：涌金、钱塘共太平……

参考文献：

临安县志编纂委员会编纂：《临安县志》，汉语大词典出版社，1992 年。

曹晓波：《涌金门外划船儿》，《杭州日报》2006 年 6 月 14 日。

庆春门：古今多少事，
　　　　　　　　都付笑谈中

据周必大《二老堂杂志》记载："杭州四门谣：东门菜、西门水、南门柴、北门米。"辗转百年，理解这首歌谣的人越来越少。清人杜文澜就在《古谣谚》一书中为它注释，指出"东门菜"意为临安东门外一所民居也无，全是绿油油的菜圃。

元：乱世纷争，张士诚造了个太平门

元至正十九年（1359），常遇春率兵攻打杭州，却在太平门外无功而返。

最开始，它在现在的中河，也叫盐桥河的西边。河上有座桥，叫盐桥。因为靠近盐桥，就被称为盐桥门。

唐朝末年，藩镇割据，战火纷飞，吴越王钱镠筑城守民。盐桥门开始往东移动，一直到现在的东河菜市桥西东青巷口，成了北土门。

宋绍兴二十八年（1158），从东京来的宋高宗赵构增筑东南外城，将北土门改名为东城门。因为当时城东一片菜地，望去颜色青绿，所以东城门又叫东青门。据

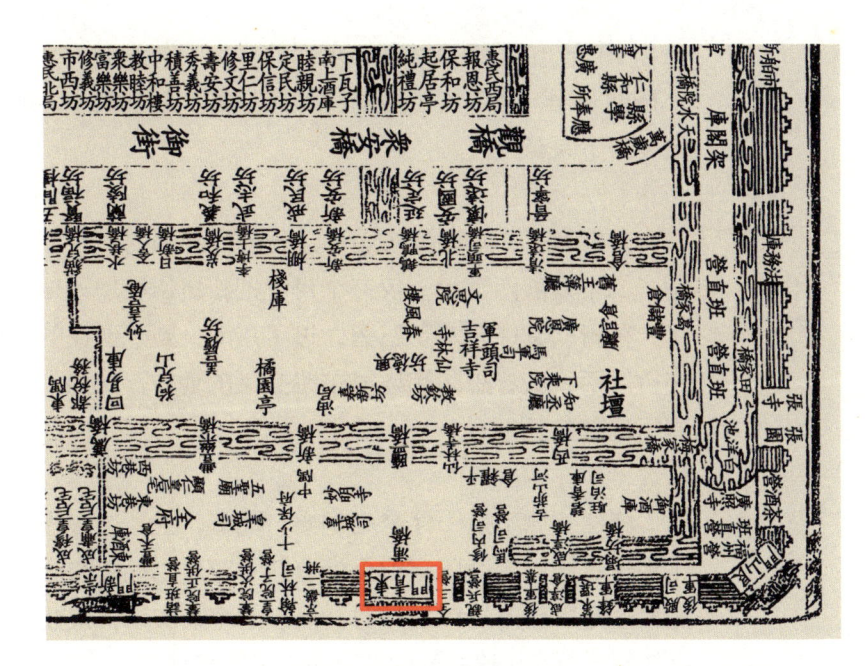

《咸淳临安志·京城图》中的东青门，元代时往东三里建了庆春门

说门的左边是皇城司营，右边就是皇家花园，而门外则是菜市，所以老百姓也管这东青门叫菜市门。

只是后来南宋灭亡，皇城被一把火烧得干干净净。加上元代禁止天下修城，也没办法去修复此次被火势波及的城门，东青门就毁于一旦了。

元至正十九年（1359），吴王张士诚扩建杭州城。他想：我要修建新的城墙城门，又结实又漂亮，谁都攻不下，这样才能守住杭州城的繁华。建好了，说不定我张士诚还能青史留名。

于是他叫来地方官谢节、守将潘元绍（张士诚女婿）和潘元明，让他们带着一帮工匠，研究出了扩城方案。他们准备将钱塘门北面宋时的九曲城垣改直，只留一曲。在北面增加了天宗门与北新门。废掉嘉会、东便二门而在和宁门的位置修筑南门。东面的艮山门与清泰门都向外拓展三里，将市河（今浙江杭州东河）囊括其中，顺便废去了保安门。

方案有了，立马就按着办。行动力超强的张士诚组织了二十万浙西郡民，仅三个月就把新杭州城垣改建好了。东青门又往东走了三里，过了东河，到了现在的菜市桥以西，庆春东路和环城东路交叉的地方。此后，东青门就定在了这里。

修建新城不是一件容易的事，耗费巨大。这次修建工程光是修城民众所需粮食就有两千万斤，耗费的土石建材也是以百万为单位计算。调制砌墙的灰浆，仅糯米就耗费近万石。这些消耗几乎掏空了杭州府库。

幸而得到的结果没有辜负这些付出，新城如张士诚所想，又大又结实。新城墙高十丈，宽二十丈，横截面呈现一个牢固的梯形。城墙上共有四百六十个城垛，垛高六尺。

城门修好后，张士诚为了讨个好彩头，将东青门又唤作"太平门"。他看着眼前的城墙心想：这样的城，够坚固了吧？一定能保住杭州城的繁华太平，让太平门的"太平"名副其实。

可惜事与愿违，太平门并不太平。

就在这一年的十二月，张士诚得到消息说朱元璋要派人攻打杭州。这时杭州守将潘元绍、潘元明兄弟和谢节得到消息后，急忙讨论如何应对。

他们站在太平门的城楼上。寒风自贴沙河吹来，冻得裹着大毛裘的他们也忍不住抖了抖。

潘元绍看着不远处的贴沙河，想了想，指着河说："朱元璋已攻下衢州（今浙江西部，钱塘江上游），如果他们要攻杭州城，一定会顺着贴沙河来，驻扎在这太平门外。他们携胜利之势而来，士气正旺，兵马又壮，这仗不好打啊！"

但潘元明自杭州城建好后就十分得意，以为倚仗杭州城的坚固，便能够安享太平了。不同于潘元绍的紧张，他大大咧咧地说："咱们怕他做什么？有这杭州城在，只要咱把城门一关，保管他打不进来！"

谢节懂些经济事务，想的不只是打仗，还有百姓吃喝的问题。他盘算了半天，满脸愁苦地说："紧闭城门，他是打不进来了，可这杭州城的人也没法儿进出了呀！杭州城大半人都是行商的，出不去，从哪儿挣钱米呢？况且杭城内外水路皆便，城内的人都是靠各处运来的商货养着，百姓们没有囤粮的习惯。如果被围上个一年半载的，东西运不过来，就是杭州的城墙再坚固，也扛不住大家都饿肚子啊！要是这样，说不准就会有人偷开城门了。"

他说完，潘元绍兄弟俩都愣了。他们满心以为杭州城富裕，如果和朱元璋的军队拼消耗，对方肯定拼不过他们。而且现在又是冬天，天气冷，就算围城也围不了多久。哪怕打不过，他们守着坚固的新城，关紧城门倒也不怕。只是他们没想到，这城门不是那么好关的！

"先不管这个，管不了那么远。如果不关紧城门，那些人一来，我们败亡就在眼前。再说他们也不一定能围那么久！我们一定能如这太平门的名字一样得享太平！"

潘元绍一锤定音。

于是他们下令关紧城门，所有人都不得进出。迫于严令，百姓们虽担忧生计，却也不曾说什么。

太平门紧闭，往日里进进出出的菜农也不见了身影，只留城门外寂静的菜圃和奔流的贴沙河在幽幽诉说往日的喧闹。

不久，八万人马顺着贴沙河来到杭州城，驻扎在城东最开阔的太平门外。那里曾是桑林麦陇，碧浪层层，如今却是一片营盘连如山，雪亮刀锋汇如林，马蹄声震浪高涌。营盘前，竖着一面常字旗。

这一天，朝阳似血，贴沙河涛声阵阵。一名高大健壮的男子身穿铠甲，威风凛凛，横刀立马于城下。这人正是朱元璋手下干将常遇春。此人身躯伟岸，臂力超绝，骑射功夫十分了得。攻下衢州后，朱元璋便派他带领兵马攻打杭州。

城门上，谢节及潘元绍三人看着对面营盘前树着的常字旗，不由有些惊恐。

"没想到竟然是这'常十万'来攻城！据说他每攻下一城就会屠杀满城！这可怎么是好？我们……"潘元明这时才知道事态的严重性。

潘元绍却赶紧拦着潘元明，不让他继续说下去动摇军心，他佯装自信地说："常遇春有什么好怕的！杭州城那么坚固，他又能有什么办法！"

谢节突然捋了捋胡须，不合时宜地问："如果全城百姓都知道来人是常遇春，而常遇春这人攻下一城便屠一城，那会如何？"

潘元绍兄弟二人眼前一亮："必是拼死抵抗！"

于是他们通知各家各户来攻城的是常遇春。一时之间，全城士气振奋，一心想着把常遇春拦在城门外。

另一头，骑在马上的常遇春并没因为刚打了胜仗，就对接下来的这场仗掉以轻心，此刻他也在想这仗该怎么打。

他本以为自己军队兵强马壮，打个杭州城不在话下。杭州城富裕，那粮仓必是满的，攻下杭州，正好能补充军资。只是他没想到，这张士诚爱搞基建，修了个稳固的城墙。

常遇春兵临城下时，才发现这杭州城是新修的。城墙又高又厚，城门紧闭。那守城的潘元明根本不跟他打，城门一关，只管往城里一缩，天下太平。

这再利的牙也难啃乌龟壳，没办法，常遇春只能率军强攻。

他本来想用箭射杀守军，无奈城墙太高，射程不够，杀不到几个人。反是守军居高临下，一阵箭雨便杀了自己好些士兵。

于是他改派人用投石器攻城，想用石头砸死一些守军或者把城墙砸个口子出来，没想到，投石器一连投了许多大石头，没有一个能投过城墙的。砸在城墙上的石头也顶多留个印子，连块碎砖都没有掉。

后来他又想着用撞城柱把城门撞开，结果撞城柱还没挨着城门，热油和擂石就从天而落，根本没法靠近城门。

攻了一天城，兵困马乏，常遇春只好退兵撤回营盘。

杭州城内，谢节与潘元绍、潘元明三人看了一眼狼狈撤回营盘的常遇春，总算舒了口气，将先前的担忧放下，"现在可以稍微放心一点了，只等着常遇春退兵。"

不过常遇春可没有退兵的打算，他命人深挖沟池，广立栅栏，满心想着：既然强攻不行那就打持久战，总有破开城门的那一天！

一天、两天、三天……一个月过去了，常遇春还没有攻下杭州城。

虽然城是守住了，可是城内的粮米也吃得差不多了，此时百姓们只能用米糠豆渣填肚子。后来又过了一个月，

坐落于古庆春门旧址上的杭州古城墙陈列馆

连米糠豆渣也吃完了，城里的老弱饿死不少，还有人饿到投水自尽。依照这个局势下去，常军再不退，杭州城就守不住了。

没想到，元至正二十年（1360）的二月底，城外的常遇春突然退兵了。

他耗了两个月没有把杭州城攻下，反而收到了南京传来的朱元璋口谕：杭州死守城池犹如作困兽斗，不急在一时，当务之急是返回金陵，合力攻打陈友谅。

他恨恨地看了太平门一眼："不愧是太平门！"咬咬牙，便放弃杭州城，整兵返回金陵。

这一天正是春分，山上的桃花已经开了，西湖边的柳条也绿了。杭州城外的兵马此刻已经撤去，为了以防万一，潘元绍还派人出城核实。后来证实他们的确已经走了，围城之困确实解了。城内的百姓过了两个月胆战心惊的日子，在此刻才总算得以太平，他们不由一阵欢呼："春天啦！终于退兵了！"城门也终于可以打开了。吴淞的米船开进城里，救了一城百姓的性命。

"杭州城建得多好！常遇春都攻不下！要是粮食再多些，我们就可以高枕无忧了！"这一仗，让张士诚等人意识到杭州新城的坚固，以为从此就能够安享太平了。

在这之后，张士诚与一众兵将，以为靠着坚固的新城墙与城门就能高枕无忧，便放松警惕，骄奢淫逸的毛病纷纷养成，就连行军打仗也要带上三五妾婢。这样的军队已经失去了战斗力。

他们不曾想到，朱元璋还会再攻杭州。

元：李文忠走进了太平门内

元至正二十六年（1366），常遇春攻城失败后的第六年，李文忠奉朱元璋之命卷土重来。这一次，太平门开，杭州易主。

元至正二十六年（1366）六月，朱元璋派李文忠攻打杭州："徐达等攻苏州，张士诚必聚兵以拒。今命尔攻杭州，是掣制之也。……尔往宜慎方略。"

李文忠跟常遇春攻城时一样，顺着贴沙河来到太平门外驻扎。

这一次，杭州守将是谢节和潘元明，他们依着上次的方法关紧城门。州城府库和百姓们这次也更聪明了，都囤了更多的粮食。倚仗新城的坚固，守了五个月。到了十一月，百姓的粮食已经消耗殆尽，他们守不住了。

再坚固的城池也守不住破败的人心。眼看着城中守将将城门一关后，就只顾自己吃喝玩乐，不管城中百姓死活。百姓忍无可忍，索性支开守卫开城投降了。杭州守军投降后，李文忠整军入杭城。

他带领兵马气势如虹地穿过太平门，心中一阵感慨：这就是连常遇春都攻不下来，而我李文忠围了五个月才攻下的太平门啊！

李文忠心中激昂，正要仔细看看这自古繁华的杭州。一阵曲音传来，他不由一僵。原来潘元明正用十二乐坊迎接他，奏的曲子软绵绵娇滴滴的。

"唉！难怪这么坚固的城门也守不住，都说城里人快饿死了，没想到潘元明还能养着一班完整的十二乐坊。我当引以为戒。"李文忠叹了口气。

"接手杭州城，就得严明军纪，不仅要守住杭州城的繁华，更要守住杭州的民心。"李文忠暗自思索，于是告示三军："擅入民居者死。"

不想告示刚贴上，就有不知好歹的知法犯法。军中一个伙夫借口去农户家借炊具，却顶了口装着刚煮熟饭的大锅出来，身后还跟着叫苦不迭的农户，这一幕被巡视的李文忠撞了个正着。

李文忠正想杀鸡儆猴，随即怒声断喝："大胆！擅入民居者死。你居然抢老百姓的粮食！"于是命人将那伙夫生生地缚了，当着杭州城人的面，大刀一挥，血溅三尺，凄厉的求饶声戛然而止。周遭一静，随即议论纷纷。潘元明厚着脸皮夸奖道："果然秋毫无犯！"

秋毫无犯自是好的。百姓们一心想着城门终于开了，有饭吃了，能活命了，只盼着杭州城门以后别再关了。

杭州城就此易手，百姓归心，城内的十万兵马、二十万石的粮食也成了朱元璋的。

而后，太平门也不叫太平门，改叫庆春门了。

清：朝堂上，项景襄为菜圃据理力争

清康熙年间（1662—1722），因为一名官员的提议，庆春门外百年的菜圃险些就变成了兵营。

庆春门位于杭州城东，在宋朝时候就是"弥望皆菜

古庆春门

"囿",还有"东青门""菜市门"等名字,这些名字都跟菜有关。

清代杭州文人厉鹗,写了一本《东城杂记》,搜集了很多杭州城东的野史逸闻。其中写到晁无咎第一次读《七述》,看见韭芽、芋头、茭白、芹菜、姜葱等菜色,颇有感触,说:"杭州蔬菜第一次入了文士的法眼,可惜他没有写明出处,这些都是我们东城所产啊!"可见清时城东也盛产蔬菜。

经历了几番修城与战火纷飞,庆春门外的菜圃都神奇地保存了下来。不过,清朝康熙年间,庆春门外这片青翠险些就要失去了。

将此事化险为夷的人,就是当时的兵部右侍郎——出生在庆春门直街的项景襄。

一次康熙提到要将福建兵调防浙江。一名官员眼馋杭州城的繁华，于是上前一步，向康熙行礼道："启禀皇上，臣观杭州东城一带，庆春门外，地域开阔，有贴沙河作为倚仗，易守难攻，又可通过贴沙河直达大运河，交通便利，正好驻扎兵营。"

康熙一思量，杭州城繁华富裕，可确保军粮。而且之前在南明的掌控下，离台湾又近，难保城里不会有人反清。虽说已经有了旗营，再调福建兵驻扎说不定更保险。康熙用眼睛扫了一眼廷中官员，看有没有人反对。

半晌，见诸大臣均无异议，康熙正要点头答应以杭州庆春门外为兵营。不料项景襄，梗了脖子出班（上奏）了。看到项景襄出班，康熙就一阵牙疼：这项景襄学问不错，又熟悉民情，能办实事，他用着还是很顺手的。只一点，他老是为平民说话，曾为了维持渔民生计驳回了山东巡抚欲禁蓬桅之议（禁渔，片木不可出海），不太顾全大局。

这项景襄从清朝祖制出发，有理有据地说明情况："我是杭州人，知晓杭州事。城内已经驻有旗兵，按照大清定例，一城之内驻两营恐怕不妥……"

项景襄是杭州人，当然知道杭州百姓深受旗营之害，怎么还能让另一个旗营驻扎杭州呢？为了让庆春门外的田园风光能保持下去，保住杭州百姓的菜篮子，自然是全力阻止了。

那名提议的官员想要辩驳，嗫嚅了两句，讷讷不言了。

康熙一看项景襄以大清祖制为名阻拦，底下众人又反驳不得，只好默认，否决了提议官员的提案。"杭州不可，再议福建军驻扎何处。"如此，杭州庆春门外的菜地才算保住了。

随着1994年杭州城市发展的需要，庆春门的门址处修筑了庆春立交桥，这片延续千年的菜圃才逐渐消失。

参考文献：

钟毓龙：《说杭州》，浙江古籍出版社，2016年。

曹晓波：《庆春门外粪担儿》，《杭州日报》2007年1月17日。

清泰门：清平安泰顺遂来，纷纷寄予此门中

  清泰门是杭州城的东大门，早在钱王建杭州城时就有了，那时候还叫南土门呢！后来被宋高宗赵构给改成崇新门，因为附近有座荐桥，所以又叫荐桥门。元兵占领杭州城时，崇新门被拆毁。

  到吴王张士诚重建城墙，从艮山门向东延伸三里，把原来在宋城外面的几条小河（包括现今东河），均包揽入城内，在崇新门的旧址上改筑新城门，才有了清泰门。清泰门取的是政清国泰的意思，倒是个好名字。

清：殊不知，这是一扇有盐味的门

  二月十五是百花娘娘的生日，又叫花朝节。

  这一天，清泰门内荐桥大街盐商花家热闹极了。园子里，花木茎上挂着各色彩帛，花枝上粘着各色彩纸剪成的彩绘，花盆里插着做成三角形的小旗。让人眼花缭乱，目不暇接，不由感叹盐商花家园子里的彩幡真是不得了。

  这些活动都是花朝节的习俗——护花，源自《太平广记》记载的唐朝天宝年间处士崔玄微护花一事。

〔明〕仇英《花神》描绘花朝节盛况

据说崔玄微有天晚上难以入眠，遇着一青衣女子称自己的女伴想在园中歇息片刻，崔玄微答应下来后，不一会儿就有十多名女子来到他园子，其中有杨氏、陶氏、李氏、石阿措等人。不久，又有一位封十八姨到来。大家饮酒唱歌，封十八姨不小心弄脏石阿措的衣裳，见她不高兴了，心生愧疚，只有离去。第二天晚上，这群女子又来了，她们求崔玄微在园子东边立上朱幡保护她们，崔玄微不明就里但还是照做了。几天后，天气突变，刮起了大风，但崔玄微发现，园子里的花却没有被大风吹坏。

后来他才醒悟，这群女子原来都是花精。杨氏、李氏、陶氏分别是杨柳、李树、桃树，石阿措是石榴树，那封十八姨便是大风。

此后，百花盛放的时候，众人便效仿崔玄微立风幡护花，慢慢地这个行为就变成一种传统流传下来，名为花朝节。

这一园子彩幡的盐商花家可了不得，他们家原本住在清泰门外沿江一带，是世代煮盐的灶户，后来转行做了盐贩，每天担盐从清泰门进杭州城里去卖。花家人胆子大，肯卖力气，又有头脑，慢慢地积攒了些许钱财。

花家人最是崇拜五代吴越国开国国君钱镠，以及元末浙东起兵的方国珍，因为这两人跟他们花家一样都是挑私盐出身。当然，在花家人看来，钱镠更强些，他居然能从一个私盐贩子变成吴越王！真是了不起！花家简直把他奉为了天神，年年钱王祭都要花上不少钱。

十五年前，花家在花朝节这一天生了个女儿。孩子出生的那一刻，据说院子里的花儿全开了，香气扑鼻。正巧花家老爷得到消息，说他们家得了掣放行发送的盐引,以后花家就是正经盐商了。花老爷高兴得哈哈大笑,连声叫好:"好!好!这闺女生的好时辰!咱家姓花,就叫她'花朝'吧!"

没多久,花家做盐商发了家,在章家桥买了大宅子,全家都搬进了杭州城。因这名叫"花朝"的女儿生的日子巧,花家又极宠她,每年花朝节都办得极其热闹。

这天一大早,一家人喝过了百花粥后,花老爷就从清泰门出城了。大官老爷们召集了杭州城的父老乡亲在城外劝农,还办了宴席,赐了用百谷混合百花制成的百花酒,城里的几个大盐商包括花老爷都被邀请了。

花朝节这天,官员们在城外劝农桑是老传统了。《月令辑要》卷六便记载了此事,《陶朱公书》中也称二月十五日便是劝农日,当地人惯用天气来预测当年的收成,若是晴天则为丰年,若是雨天则会歉收。

留在家中的女性们就会做些风雅事。花朝高兴极了,她正跟姆妈(杭州人称呼妈妈)带着侍女一起在厨房里准备百花糕,那是一会儿去清泰门外游赏,看斗花会时要吃的。而且因为每年花朝节既是节日,又是花朝的生日,所以花家做百花糕既是为了给花朝过生日,也是为了庆祝花朝节好送给左邻右坊。

花朝节制作、品尝百花糕据说开始于武则天时期。据《山堂肆考》卷一九四载,有一年花朝节,武则天前去游园,看园中百花齐放,一时兴起就让宫女采花和米蒸成糕点。这些糕点尝起来软糯清甜,又有花香,便命名为百花糕。武则天很喜欢,每年花朝节都要赏赐大臣这种百花糕。

这种百花糕既有百花的清香馥郁，又有米粮的谷物芬芳，还有皇帝的名头，很是得人喜欢，慢慢宫里民间都开始吃上百花糕了。哪怕是到了宋朝，皇帝也还是会在花朝节给大臣赏赐百花糕。

这百花糕是将新摘的各种花朵洗净沥干，一半捣碎成汁和进糯米粉中，加入牛奶搅拌成米糊，然后将另一半的花瓣摘下，一层花瓣一层米糊在花模里铺开，接着盖上湿润屉布发酵一个小时，最后上锅大火蒸。出锅时花香久久不散，咬一口齿颊留香，仿佛将整个春天都吃进嘴里了。

想着武则天赐花糕的故事，又想起家里对自己的宠爱，正在厨房准备百花糕的花朝欢快地笑了。做好以后，花家人便趁着新鲜劲给邻居们送过去，得了大家对花朝的祝福后，花家人才乘着马车向清泰门外走去。

清泰门外水网密布，水中螺蛳遍布，因此大家也管清泰门叫螺蛳门。花朝小时候还在那河里摸过螺蛳玩呢！

清泰门外旷野平坦，正是办些庙会市集的好场所。而且风景又好，近的可以看钱塘碧水，渔舟游驶，沙汀鸟翔；远的多走两步，可以爬山，远眺越山逶迤，再适合踏青游玩不过了。每年花朝节都会有不少人到清泰门外赏景呢！

花朝掀起马车帘子，兴奋地看着窗外的风景。只见街上人来人往，一路上经过的坊市都比赛似的搭起了木头和竹子做的高楼，楼上缠了彩绸金玉，摆上各种颜色鲜艳的花儿，让人以为身在花林中。

出了清泰门，花朝看到山林里有人在移植嫁接花木。

这一天正是移植花果的吉日，人们说是百花娘娘过生日高兴，这一天移植的花果都长得好呢！

差不多到斗花会的地方时，花家人就遇上了刚从大官老爷的宴席上出来的花老爷。花老爷让他们下了车走着去，毕竟越往前走人越多，到时候马车挤不过去，堵在半路上就不好了。

在路上，他们选了干净漂亮的蓬叶，花朝开开心心地摘了插在姆妈头上，笑着说了句杭州老话："姆妈，蓬开先日草，戴了春不老。"花母笑着点了点花朝的额头，花老爷则看着妻女玩闹。

一家人继续往前走。这时斗花会刚刚开始，一路上已经是车马不断，人潮拥挤了。花朝远远望去，就见到离河岸不远处，众多商贩的摊子摆成了一个圆形的集市，集市中央，是一座由各色鲜花垒成的花山。

花山旁是一座新建的高台，以彩绸鲜花为饰，奇巧华丽远胜城里。熙熙攘攘的人群围着高台，摩肩接踵。踮着脚的，把小娃娃架在肩上的，还有爬树上的……台上有几个人咿咿呀呀地挥舞着水袖，大概是在唱些给百花娘娘祝寿的戏文。忽然听到一声："今日佳会聚百花，贺娘娘芳辰。"

向高台走近后，伴着一声洪亮的"花行行首杨青给大家见礼了"，花朝看到，台上有一名身穿青色暗团花绸衣的中年男子。那男子朝台下众人端端正正地鞠了个躬，说道："今天是百花娘娘芳辰，我们花行组织了这场斗花会，杭州城的各个种花人家都带上自己心爱的花儿来了，想要选出最美的花庆贺百花娘娘生辰，大家看重哪个花就投上一票，多谢乡亲们捧场！"

花朝拉着家人依次在每家花摊逛了起来，开始认真寻找花中魁首。风雅有趣的斗花会，哪个杭州人不喜欢呢？

斗花会上的鲜花品种丰富——水仙、腊梅、仙客来、梅花都是从过年到现在看腻了的年宵花，再漂亮也没有什么新鲜的。海棠、月季、芍药、合欢……有正当季的，也有花农特地侍弄出的反季花。

花朝正瞧着就遇上了自己的好朋友白朴，两人相约去河边玩耍。她们在河岸边发现一些野菜，准备采些回家。两人一边采野菜一边聊天，白朴说起各种野菜怎么入药，怎么做菜，什么时令吃什么吃食，说得头头是道。

看到河里的螺蛳，白朴又说起了螺蛳经："清泰门不愧又叫螺蛳门，这河里的螺蛳真多！这吃螺蛳的最佳时节还要数清明前后，所谓'清明螺，肥似鹅'。吃完的螺蛳壳也不要扔，据说把它们撒在瓦上还可以驱虫。立夏这日，也是要吃螺蛳的，'螺蛳苋菜酒酿糟'可美味得很。到时候我们来摸螺蛳吧！"

"我们这个年纪下河摸螺，看你不被家里用竹条抽！"花朝笑着调侃。两家家境不错，想吃螺蛳，到市上买就是了，哪里还用自己摸呢？白朴说着玩罢了。

花朝节开始，西湖的香市就摆开了，一直到端午节才结束。所以每年这个时候，杭州的店铺就格外忙碌，他们既要装点铺面又要去各大寺庙外搭建临时售货摊，可谓"有屋则摊，无屋则敞，敞外有篷，篷外有摊"。摊上什么有趣的玩意都有，不管是女孩子们喜欢的脂粉丝绸，还是香客们需要的糕点香烛，应有尽有。

张岱也曾经历过西湖香市的繁华，他在《西湖梦寻》中回忆，那日春暖，桃柳争相开放，杭州城内的人几乎都去香市了。岸边无船，客栈无人，就连酒肆中的佳酿都售卖一空。

花朝和白朴正在河边玩得起兴，日头却已经偏西。花母来找花朝回家了："花朝，回家了，晚上还要在家给你办生日宴，挂花神灯呢！等会儿从清泰门进了城，我们要先到马坡巷马婆双羊店，去买些羊肉带回家。晚了说不定就卖完了！快来！"

花朝本来还有些留恋地看着河边的野菜，一听到马婆双羊店的羊肉，馋得不行，赶紧答道："来了！"辞别白朴，跟着姆妈登上了来接他们的马车。

回城路过清泰门时，花母掀开车帘看了清泰门一眼，想到十五年前，花家还是盐贩子，每日担盐进城卖都要经过此门，心中莫名有些感触，突然问女儿花朝："花朝，你认为清泰门为什么要取清泰二字呢？"

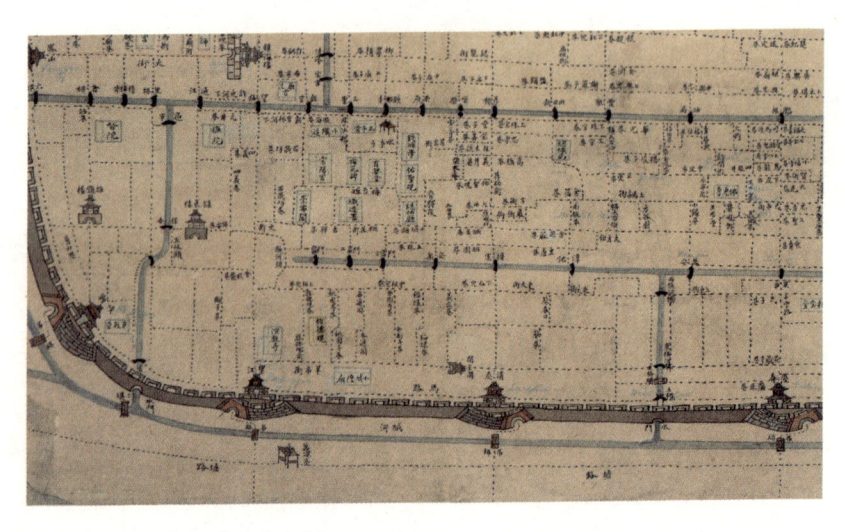

《杭城西湖江干湖墅图》中的清泰门

"政清国泰啊！"

"朝廷政事那都是大官的事，跟我们小老百姓有什么关系？清泰门是我们杭州人的城门，是我们的清泰啊！"

"那就是清平安泰，是我们走向春天的那道门。"花朝开心地回答。

清：张曾敭万万没想到自己会看到这样的场景

自认为在工作上问心无愧的张曾敭，在离任杭州的时候，以为迎接自己的会是百姓们对他的感激与不舍，却没想到……

清光绪三十三年（1907）七月初三，一大早天气就十分炎热，阳光已经照进清泰门的门洞里。

张曾敭接到调令，准备去清泰门外坐火车离开。他乘坐着的八抬大轿刚过中河的荐桥时，他微微掀开轿帘，还以为自己能看到父老乡亲前来挽留他。

想当年，清光绪十二年（1886），张曾敭任永顺府（今湖南省永顺县）知府期间，五年没有调动，盗贼屏迹，政清民拥。要走那天，永顺府的父老乡亲长街送行，说："百多年无此官！"

清光绪二十九年（1903）张曾敭任山西巡抚期间，他出力剿平马贼。这是大功一件，当地百姓在他卸任时，纷纷举着"万民伞"为他送别。

两年后，张曾敭调任浙江巡抚，来到杭州。当时，浙西盐枭气焰嚣张，盐价高涨。为了治理浙江盐务，他除去了与盐枭勾结的嘉湖统将吴家玉与都督范荣华，盐枭就渐渐收敛了，百姓吃盐也不必付出高价。就连这清泰门外的江墅铁路，他也有几分功劳的。

清光绪二十四年（1898），《苏杭甬铁路草约》签订，之后却迟迟没有签订正约，连动工的行动也没有。五年后，两名浙江商人请求修建杭州江干到湖墅的一段铁路，朝廷也没动静。还是张曾敭到任后，与英国领事据约力争，事情才定下来的。那年七月，两淮盐运使汤寿潜才组建了浙江全省铁路有限公司。

张曾敭坐在轿中，想到：去年 11 月 14 日，江墅铁路在凤山门外的罗木营开工建设，沿途设下几个站口，想想这铁路也快建成了吧？

后来他又想到清泰门的"清泰"二字，捋了捋胡须，笑了。

在这里为官两年，自己除掉盐枭与贪官，为百姓定了修建铁路的事，也不曾贪污经商，怎么都能算得上政治清明了吧？不管怎么说，自己也是为杭州城做了些实事，为大清的国泰民安尽了几分力的，百姓们总该感念几分自己的恩德，来送送自己吧？

张曾敭心中得意，面带矜持地掀开了轿帘。

"哐当"一声，心里不知什么东西被打翻了。张曾敭看到，往日喧闹整齐的清泰门直街，现在满是倾翻在地的马子（夜壶）、粪桶，肮脏流得满地都是。沿途点燃了许多锡箔纸锭，一串串黄色纸钱伴着纸灰在风中打着卷儿。一张张白色的幌子上写着"张曾敭滚出杭州""反对张曾敭""张曾敭滚蛋"……

"怎么会这样？"张曾敭先是震惊，随即紧咬牙关，面色铁青地看着眼前这场景。

他转念一想：莫不是因那革命党人秋瑾？可自己不过是为朝廷办事，剿灭叛乱罢了，怎么会这样？

张曾敭看着清泰门上的"清泰"二字，陷入了沉思。

这件事还要从今年初春说起。

虽说已经是春天了，但寒冬的气息还未远去，就算有一刻转暖，也说不准什么时候就来一场倒春寒。

一天，清泰门城门口，一个身穿棉大衣，围着围巾的女子从小船上下来，直直地朝城门走来。女子低头寻思："张曾敭倒算得上是个好官，可惜他是清廷的官，这清廷已经坏透了，还与洋人讲和，再这样下去，中华危矣！唉！也不知张曾敭对革命是什么态度？"

这个女子正是秋瑾。

秋瑾出身官宦之家，嫁给了门当户对的王廷钧，做了清诰封夫人。可是她却不甘封建的束缚，志向远大，内心充满了救国救民的责任感。1904年7月，秋瑾自费东渡日本留学，受留学生中的志士仁人影响，她开始积极参加革命活动，反抗腐朽破败的清廷。

清光绪三十二年（1906）年底，萍浏醴起义失败了，但秋瑾对革命依然充满了希望，坚持要革命。为了斩断后路，她还回到婆家，义正言辞地与家人诀别。这样，哪怕自己参加革命的事情败露了，也不至于牵连家人。革命总是要流血牺牲的，她已经做好了最坏的打算。

第二年一月十四日,《中国女报》创刊,秋瑾任主编。该报倡导女学,开通风气,誓要做到"醒狮之先驱""文明之先导"。秋瑾这次来杭州,就是为了发动杭州的军界、学界,呼吁大家一起起义。她已经悄悄写好了战斗檄文,还有一些问题需要与杭州的同志商量。

秋瑾抬头望了望城门,坚定地看了看"清泰"二字,这"清泰"是政清国泰的意味,但秋瑾心里却想:我一定要让人人清泰平安!她随即大跨步走进城里,开启了她的救亡图存道路。

但不过半年时间,七月十三日这一天,秋瑾就被官府的人抓走了。

那天,张曾敭正在杭州府衙门看公文,一名身穿军服的男子风尘仆仆地赶到他面前,微低着头说:"报告张大人,巡抚营李益智统领已于十三日在绍兴大通师范学堂逮捕乱党女贼秋瑾,现关于山阴(今浙江绍兴)县衙。"说着,就将手中李益智的报告书和秋瑾的供词一起递给张曾敭。

原来,安庆起义时,和秋瑾一起革命的徐锡麟被抓,而徐锡麟的弟弟受不住严刑拷打供出了秋瑾。

张曾敭接过李益智的报告书一看,只是一些秋瑾的诗文,说些朝廷的贪腐罢了,那些革命党反朝廷的话都差不多。不想等打开秋瑾的供词,张曾敭却瞬间气得胡子乱颤,那纸上只写了一句话:"秋风秋雨愁煞人"。

"拒不招供,还写些乱七八糟的东西!"张曾敭把供词往桌上一拍,怒道,"既然她争的是女权,要'将巾帼易兜鍪',那就给她这个权力,让她跟男人一样在轩

参考文献：

李光地：《月令辑要》，文渊阁《四库全书》本。

曹晓波：《清泰门外盐担儿》，《杭州日报》2007年3月30日。

新登城门：一朵莲花耸碧霄，
　　　　　二水襟带万山朝

左宗棠曾写过一封奏疏。这封奏疏里说新登小而固，有重兵驻守，以主制客，能够以逸待劳，故没有后顾之忧，可以进攻富阳，进窥省会。

左宗棠所言着实不虚。新登地理位置优越，易守难攻，自古就是杭城西南屏障、杭州翼城，其军事地位不言而喻。从杜稜到范永龄，从武将到文官，每一位主政新登的官员，都非常清楚，只有扼守新登城门，才能打赢一场又一场漂亮的城市保卫战。

唐：修门百日，用门一时，东安保卫战全靠它

唐乾宁二年（895），盛夏南风起，拂开葛溪的涟漪，赤红霞光里，吴越国将领杜稜正站在太平门上远望那沿溪而行的长队。

杜稜皱眉，握紧手中的佩刀，转身对跟在身后的副将说："建宁（今福建建宁县）的百姓也快到了。瞧着人很多，给他们找个地方安置下来。"他顿了下，又说："他们一到，说明安仁义的大军也快到了，让兄弟们务必打起十二分的精神。"

副将铿锵有力地答了声："是！"

此刻，杜稜口中的建宁百姓队伍，还在沿葛溪依次行进。两岸绿树成荫，太阳一点点升高，天气渐热，蝉鸣由疏入稠。

队伍中一个男人仍在兴致盎然地上演独角戏。他一人兴致勃勃地说道："你们还不知道吧，杨行密的军队，攻势越来越猛！说是那都团练使一家也在收拾包袱，准备逃命！"

这逃难大部队中有耄耋之年的老人、黄发垂髫的小孩，还有裹着头巾不敢受风的哺乳期妇女……他们身上都挂着包袱细软。此时日头不断上升，昨晚又披星戴月地走了一夜，大家都又渴又累，谁也没心思搭理他，只顾低头急匆匆地往前奔去。

岸上只有一阵风吹过。

起初，刚从建宁出发时，众人听这人讲些趣事，还很有兴致。毕竟前路漫漫，时间又极难打发，听点八卦消息，也是一种消遣。谁知这人嘴皮子怕是练过，常常一讲就讲好几个时辰，若是有人接他的话那更了不得。

听的人都疲乏了，这男人丝毫不见收势，仍不断用手比划，准备再"大展身手"。那顺江而行的百姓中，有个机灵的妇人，抬头瞥了他一眼，不耐烦道："听说！你到底听谁说的？"

那人见终于有人搭腔，喜上眉梢，但是咂摸这话，垮下脸来，停住步子回望身后的妇人，想了想答道："听我杭州城里的亲戚说的。"

他这一停，后头的队伍就停住了。人群像被塞了异物的水管一样堵作一团，众人纷纷埋怨："行了！行了！快走吧！别耽搁时间。"

那男人听见后方人群中不断传出的声音，怵了精神，也只顾往前走，再不说话。

众人埋头苦走，只听得前头传来一句："东安（今杭州新登镇）到了！"

"到了！到了！"

"东安到了！"

刚才那男人一听，眼睛瞬时亮了起来，只甩开两条腿直直地往前跑。

一阵疾跑后，他见到大名鼎鼎的东安城墙。

这可是他即将托付性命的宝贝！早听别人说东安城墙很不一般，他得好好打量打量怎么个不一般法！

如果杨行密的军队真打过来，想从墙上偷爬进去，护城壕沟就是第一道关卡。掉到深深的壕沟里，脑袋都得开花！

紧了紧手中的包袱，他跟着队伍往前走了十几步，城门才始露面目。

听他杭州城里见多识广的亲戚说，要是这扇门开了，就相当于城里的每一扇门都开了。

他和同乡一起跋涉到东安躲命，就是听说东安地势险要，又有杜稜将军主持修建的东安城门做防护，不容易被攻破。不像自己的老家建宁，地势趋平，若敌人来犯，就如同在草原上跑马一样顺畅。所以镇上几乎所有人，都纷纷向东安迁徙，就怕杨行密的军队来攻城，刀剑锋利，人头落地。

钱财终究只是身外物，先保住自己脖子上的脑袋最要紧。

他想走近摸一摸城门，刚要靠前，就被城门两边的士兵拦住："你干什么的？"

男人低头，老实回答："军爷，我是从建宁过来的，借贵地避避灾。"

"我知道你是来避灾的！问你乱瞅什么？避灾就赶紧进城去，没事别乱蹿！没看到后边那么多人等着进城吗？"士兵朝他摆摆手。

这时身后传来一个女子的声音："军爷！您千万别让这个人进去！他肚子里花花肠子多！刚才还在和我们讲都团练使贪生怕死，收拾宝贝正准备逃命！"

士兵闻言，顿时眉头一皱，扯住男人的袖子，将他拉到旁边的空地上："这话是不是你说的？"

这男人额头上冒了点冷汗，瞥了一眼随人群鱼贯进城的妇人，给士兵笑着说："这都是误会，军爷。我只是听别人说了讲出来解个闷。"

"道听途说就更不对了！"士兵打断他的话，"都团练使正在杭州坐镇，要是这谣言钻到军营里，动摇军心怎么办？再说，要是没他老人家，你能进这东安城避灾吗？"

男人退后一步，正准备拱手认错，抬头时看到一个戎装模样的男人站在不远处。

杜稜原本正在思考敌军攻来，该如何部署城防，不想看见一个百姓正被拉住，两人说话声隐隐传来。他大抵明白发生了何事。

杜稜走上去，严肃地对男人说道："既已知错，便快些进城！下回管住自己的嘴，再让我听到这样的谣言，就没这么好说话了。"

那男人点点头，不一会儿就消失在城门内。

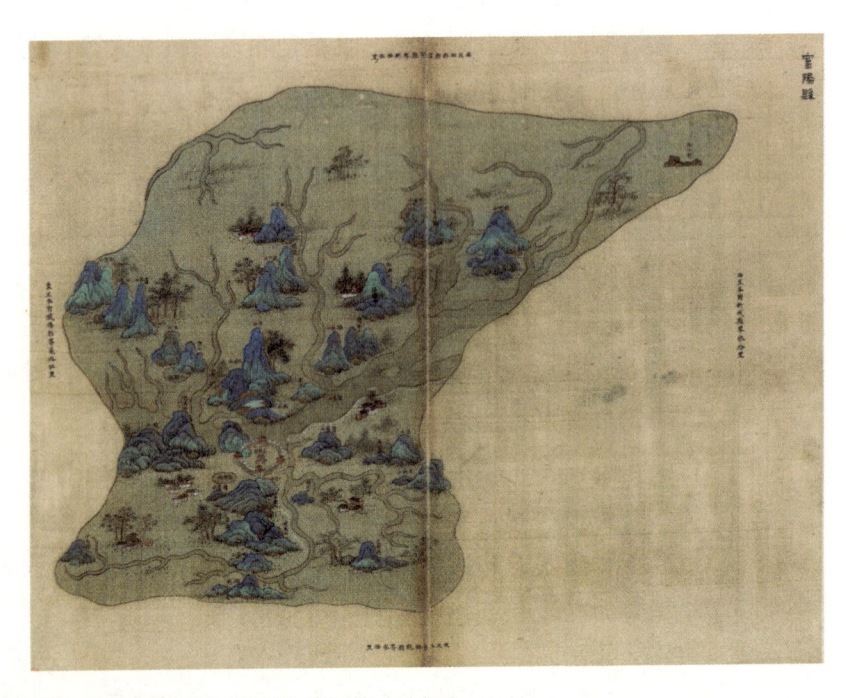

《浙江全图·富阳县》可以判断新登门的大致位置

东安是杜稜的故乡,也是杭州的西南屏障,其战略意义非比寻常。

在天空还没有条件成为战场时,毫无疑问,那巍峨的城门和高耸的城墙是陆上防御当之无愧的"一号工程"。

唐:万人搬砖,九座山头,十个月建好"一号工程"

淮南的杨行密,从崛起之日起,就成了杭州武胜军都团练使钱镠的心腹大患。

果不其然,杨行密在淮南站稳脚跟后,立刻妄图把手伸向杭州。东安在杨行密眼中,是块大肥肉,故而他屡次派兵骚扰进犯。

亡羊补牢,空耗财力,不如早砸重金做打算。钱镠烧犀观火,连夜召杜稜商议,吩咐他立即在东安构筑防御基地:罗城(即城墙)。

因杜稜从小在东安长大,闭着眼睛都知道东安哪座山、哪条河怎么走,所以他心里早就画好了设计图。东安多丘陵,境内千山百岭,重重叠叠。若是地形平坦,筑一座方方正正的城池当然不成问题,但此地却办不到。经过实地考察,杜稜决定利用区域内鹁鸪(今凤凰)、假山(今秀山)、冬青等小山因地制宜,建造城墙将这些小山圈在其中。

如果当时有航拍设备,从空中鸟瞰下来,正在施工的城池好似一朵九瓣莲花,松葛二溪则环绕着它。

施工时杜稜也不闲着,而是亲自来到现场监督工作。他把关严格,品控做得极好,一块石头没有垒好,都必须拆了重建，就算动用民间的建筑材料救急也在所不惜。并且，他把公费全都花在了刀刃上，将城门修建工作安排得井井有条。

军民同心，城墙很快就修好了，杜稜马不停蹄地又命人挖护城河，引新堰水灌注。唐大顺二年（891）七月，城门方破土动工，到了第二年四月已大功告成。

这次动工共修成四个城门，分别是东面的熙春门（富春门），南面的太平门（新镇门），西面的顺成门（桐江门）与北面的宁海门（祠堂门）。

五月，杜稜在城门下摆工程竣工的庆功宴，军民同欢。

城门修好后，杜稜每日都派重兵把守，从不懈怠。

就在东安城修建后三年，淮南杨行密就派安仁义、田頵、陶雅、金威等的精锐部队大举南下。

两浙地区烽烟四起，东安周边的要塞如紫溪、堡城、建宁、静江等地的百姓闻讯，纷纷向东安城迁徙。

因此，杨行密的军队攻过来时，夺城轻而易举，直如探囊取物。安仁义攻下建宁后，就地驻扎，颇为得意，暗想钱镠的军队也不过如此，殊不知，紫溪、堡城、建宁、静江四地的百姓都躲到东安去了。

而东安城，早已设好重重防备，就等着他们自投罗网！

月明星稀，安仁义和田頵的队伍在建宁会合后，两人磨刀霍霍，一致决定夜袭东安城。安、田两人都是吴国大将，合作已久，素有淮南双璧之称。

安仁义打头阵，田颓殿后，半夜三更带领军队静悄悄地摸到太平门（新镇门）前。

听城中寂静，好像平常景象，城门上一片漆黑，无人看守。两人欣喜若狂，被胜利冲昏了头，招呼士兵赶紧搭建攻城墙梯，想神不知鬼不觉地潜进城内攻占东安，天亮时就把战旗插在东安城楼上……

安仁义窸窸窣窣忙活时，楼上忽现几个高大的士兵。搭攻城梯的人抬头一望，只见几颗巨石从上飞下，砸得他们纷纷坠下梯去。

猛然间，城内一阵喧哗，瞬间火光大亮。

安仁义和田颓大惊，慌忙指挥部下撤离，但是太迟了，攻城之兵纷纷倒下，跌进护城河里，尸体上堆着尸体。

城门内外火光乱晃，一时间喊杀冲天，楼橹翔空，矢石交迸，战况十分惨烈。

双方战到天明，太阳升起，安仁义兵败于东安城门下，田颓也没来得及撤走，两人损失惨重。

连安仁义和田颓的精锐部队都败落而归，陶雅、金威再也不敢轻易"送人头"。

四周的匪寇团伙听闻杨行密的得力大将在东安的城门前吃了大亏，也灰溜溜地夹着尾巴跑了，此后，再没人敢图谋东安这块肥肉。

经此一役，杜稜名声大噪。

军中人人称赞他有勇有谋，杜稜却不以此邀功，只说是因东安地势崎岖，易守难攻。比起自己，东安四座城门更加功不可没。

三年后，唐代大文学家罗隐，在自己的《东安镇新筑罗城记》中这样评价："是知人非城则无以为捍，城非人则无以自固。不有城也，人何以安？不有将也，城何以坚？"①

一城安危，动辄就是万千身家性命的托付，担子那么重，卓越的将领是"软件"，坚固的防御工程是"硬件"，两者缺一不可。

冷兵器时代，战争多是肉搏阵，人在城在，人亡城亡。

明代嘉靖年间（1522—1566）的知县范永龄，也有和杜稜一样的深刻体会。

明：范永龄远程求助方廉，这个城门到底该怎么重建

明嘉靖三十四年(1555)，沉闷的夜晚，云压得低低的，低到房顶上。幽幽烛光下，知县范永龄看着书案上领导批下来的公款申请，愁眉苦脸。

这已经是第三次申请修葺城门的专用资金了，原以为上级受不住他的软磨硬泡，多少会考虑一下，没想到还是黄了。只用一句"国库空虚，连造兵器的钱都没有，哪里来的闲钱给你补什么城门"，堵得他哑口无言。

范永龄又叹了口气，陡听天边一声惊雷。雷声落下，

① 董诰等编：《全唐文》，中华书局，1983年。

范永龄心里一紧，今晚的雨恐怕不小，本就有些破败的城门不会被大雨冲垮吧？

他惶惶不安，整夜都难以入眠，在书房里走来走去。

苦捱到第二天，一大早范知县就冲向南边的亨通门视察情况。

夏天的雨干得很快，但还是有几处水洼。天还没有大亮，范永龄心急火燎地赶路，没注意自己的鞋袜早湿透了。

范永龄离亨通门还有百米距离时，就看到模糊天光中，城门左下方掉落一堆泥石。

新登城门自杜稜初建以来，在宋天禧五年（1017）有过一次修缮，此后五百年都没有加固，到了现在，破壁残垣，无法限制行人出入。

望着残破的新登城门，范永龄陷入沉思：不能为百姓谋福利就罢了，如今还让新登陷入水深火热的倭患中。眼看刀剑就要直逼城下，如果不加紧部署防范，新登恐怕会血流成河。

但是新登城门自杜稜和杨行密一场恶战后，就被遗落在历史的缝隙中。几百年来一直安安稳稳，以至于丧失了最基本的防御功能，成了老百姓日常生活的装扮点缀。

范永龄正在心中自责，被一声洪亮的"范大人！"拉回现实。

范永龄抬头，看到残破城门上摸下来一个士兵。那士兵年纪不大，二十出头，看见范永龄，恭敬地说："范大人怎么又亲自过来查看？大人放心，昨天晚上下大雨，倭贼不敢来攻城。况且，我和弟兄们依照大人吩咐，日夜看守，有任何情况，立即向衙门禀报。"

范永龄点点头："对你们，我是一百个放心的，但对这城门……"顿了一顿，才无可奈何地唉声叹气，"整修城门的事情，上头又给否决了。"

士兵粗中有细，知道范永龄是个勤谨爱民的好官，不像之前那些在任知县，嚼倒泰山不谢土。于是没有往他心上添堵，只随口安慰："范大人，这国库亏空也不是一天两天了，上头不批，我们可以自己想办法筹钱嘛。"

想什么办法？从哪里筹钱？

范永龄摇了摇头，但是蓦地，脑子里闪过一个人的名字：方廉。

对！对！要是想走筹钱这条路，或许可以找方廉帮忙！

方廉是何许人也？

他可是一年前名声大噪的抗倭英雄！也是新登百姓口中有出息的好儿郎。

嘉靖三十二年（1553），新登人方廉出任松江知府，为属县上海主持修筑防倭城门的工作。据说，当时上海也没有批下款子，方廉就在民间集资，完成城门的修建。一年以后，倭寇攻打上海时，因为城门防御到位，倭寇节节败退，方廉因此守住了松江。

范永龄不久前听说过这个事，不知真假，也没来得及去求证，而且那时他全身心都托付在公款资助上，所以也不在意这种"非常"手段。

如今看来，向方廉求助或可一试！

方廉虽身居高位，但不会连父老乡亲都不管吧，所以这个忙，他应该会考虑帮。

当天晚上，范永龄就给方廉写了信，向他请教修筑防倭城门的经验。

范永龄预想得没错，方廉对家乡的事颇为上心，很快回信，并且细致地罗列了几条建议。范永龄看后，第二天就开始着手部署城门及周围城墙修葺的相关工作。

按方廉的建议，第一条，资金最紧要。想要朝廷拨公款，手续繁杂，按照现在的情况，盯着中央政府拨的那百千两银子，十年八年的也就过去了。想要抢占城门修葺的速度，民间集资也是一个好办法。

新登虽然多山岭，不宜种粮，但水利方便，多商贾巨富，衙门大可以抛出口风：凡是有点闲钱的，可以看着捐点银两，表达一下对家乡的热爱之情。此令一出，如风动山林，商贾巨富必争相捐赠。

第二条，可以灵活地利用手中的资源，以罚代刑。对于牢里那些轻度违法犯罪的人，可开放缴纳赎金保释通道，也可以通过更多的参与修筑工作来减刑。这个方法，可以满足工程所需要的钱和劳动力。

第三条，效率至上。倭寇来犯往往迅而猛，要缩短原城墙的周长，把城里紧要的核心地带保护起来，以免工作太多太杂，反而找不到重点。

范永龄听取方廉的建议，很快筹集了资金和劳动力，在杜稜所筑的城墙基础上，命人缩短一半多的周长，依山修筑城墙，四个月就修好了。

城墙形状一改，相应的，城门的位置也发生了变化。因为筑城的主要目的是防御，因此整座城被建成一个近圆形。

城门共五座，分别是东边的元始门，东偏北的东安门，西边的利遂门，南边的亨通门，北边的贞成门。

五座城门，二十四小时都有人看守，如果有倭寇来犯，守城门的人一拉警报，士兵们就把石头和滚木沿城墙推下去。

后倭寇果然来犯，守卫城门的士兵就按照日常军事演练的方法护城。敌军死伤惨重，多次侵扰而未得手，只得作罢。新登城门在倭患横行的这段时间，最终保住了城里的一方平安。

二十年后，方廉衣锦还乡，又出资把东偏北的东安门整修一番。

在范永龄和方廉之后，明清时期，新登多位知县也都加固修缮过新登的城门。多次修筑后，城门的模样与名字已经异于明代。

据清道光年间（1821—1850）《新城县志》记载：

"门五：东元始，东之偏昭阳，南嘉会，西利遂，北贞成。濠周围长二千三百五十五弓，阔三弓。"

新登城门，从杜稜筑罗城开始，历朝历代，位置、名字几经变换，不复当年模样，但永不改变的，是每一块砖石中深深凝结的先人智慧和血汗。

新登城门驻守千年，至今仍有孑遗，它安安静静地立在那里，就是厚重的历史本身。城墙上斑驳隐约的坚韧不屈，是值得永远珍藏的财富。

参考文献：

董诰等编：《全唐文》，中华书局，1983年。
富阳新登镇志编纂办公室编：《富阳新登镇志》，浙江人民出版社，1994年。
吴墉修、张吉安纂，杭州市富阳区地方志编纂委员会整理：《道光新城县志》，国家图书馆出版社，2016年。

严州府城门：山下平川处，
李文忠建造了半朵梅花城

宋宣和二年（1120），方腊起义，他带着起义军来到睦州城外。

睦州（严州府的旧称，今杭州下属的桐庐县、淳安县和建德市）城外，涌来了一批带着各色头巾的农民。他们大多面色黝黑，身上穿着破破烂烂的衣服，除了手里拿着各式各样的类似武器的东西，和难民没什么两样。

他们就是最近在睦州很有名气的方腊起义军。为首的方腊身穿红色长袍，披着黄色披风，身为漆园主的他在这些农民中间，颇有些鹤立鸡群的意味。

此时，他正凝视着睦州城巍峨的城墙。这座城依山而建，东、西、北三面靠山，南面则是碧绿如洗的新安江。

在这个寒风凛冽的冬日，方腊所注视的城墙就是唐中和四年（884），由余杭镇使陈晟主持修建的。

看着厚重的城墙和紧闭的城门，方腊蹙起了眉头。起义军大部分都是农民，他们没有铠甲、弓箭，甚至连趁手的兵器都没有。徒有两万人马却不能立马攻城，方腊一时间没了主意，他矗立在原地思考对策。

可还没等方腊想出来如何攻城，城门突然大开。他原本以为是睦州知州张徽言派出的官兵，立马发布号令，让所有人做好迎战的准备。

谁知道，从城门里跑出来的竟然是睦州城的百姓。原来，睦州城的百姓早就听说了方腊起义的事情，十分钦佩方腊的胆识。而且方腊起义打的就是"劫富济贫，抗击官府"口号，更让老百姓心向往之。

不久前，方腊在青溪县（今浙江淳安县千岛湖中）打败了前来镇压的五千宋军，还杀掉了两浙兵马都监蔡遵。如此辉煌的战绩，让长年受朝廷欺压的老百姓看到了胜利的曙光。所以睦州城内的百姓一听说方腊要来攻睦州，完全没有一丝担忧，反而有加入的心思。

彼时，睦州知州张徽言在蔡遵被杀后，提起起义军就有些胆战心惊。一听说方腊要来睦州，立马就把防守的重任交给了新任通判叶居中，自己连夜出逃。只是倒霉的叶居中还没理清头绪，就被攻进知州府衙的城中百姓捆绑起来押到了西门。于是，就出现了大开城门的那一幕。

再说那些守城官兵，早就被亢奋的睦州百姓给收拾得妥妥帖帖。方腊不费吹灰之力，就走进了睦州城门。

北宋：睦州更名，严州城在周格手中焕然一新

宋宣和三年（1121），方腊起义失败，睦州城的掌控权被宋官周格接过。在他手中，更名为严州的睦州城焕然一新。这年四月二十四日，正值方腊起义第二年。

睦州青溪县的帮源洞，方腊起义军的根据地里，传来了激烈的厮杀声。

以王禀、刘镇为首的宋军，展开了对帮源洞的层层包围，起义军腹背受敌。为了这次镇压行动，宋军的大部分精锐兵力都被调来了，所以武力和兵器本就相差甚远的起义军虽然奋力抵抗，仍然改变不了失败的结局。最后，起义军伤亡约七万多人，就连方腊一家都被宋军俘获，押往东京（今河南开封）。

浩浩荡荡的方腊起义，才爆发半年就被宋军强力镇压了。

方腊起义期间，民间一度盛传，睦州有"龙象"，将有真命天子出现。宋徽宗赵佶听后，十分震怒，命令国师夜观天象，查明真伪。国师在观天象的时候发现，星象确有异动。

次日朝会上，国师如实上奏："官家，臣昨晚夜观天象，发现星象异动，睦州的确有真龙之象。微臣卜了一卦，睦州之名本就和大宋犯冲，要想压住这真龙之象，恐怕要将睦州改名才行。"

宋徽宗急道："你有何良策？"

国师回道："微臣认为，可将此城改为严州，以示严厉镇压之意。"

宋徽宗听完直呼妙哉。本来，方腊破睦州城的时候，睦州百姓大开城门迎接起义军，就让他耿耿于怀。他治下的百姓竟然去支持叛军，弃自己于不顾，简直是作为皇帝的奇耻大辱。

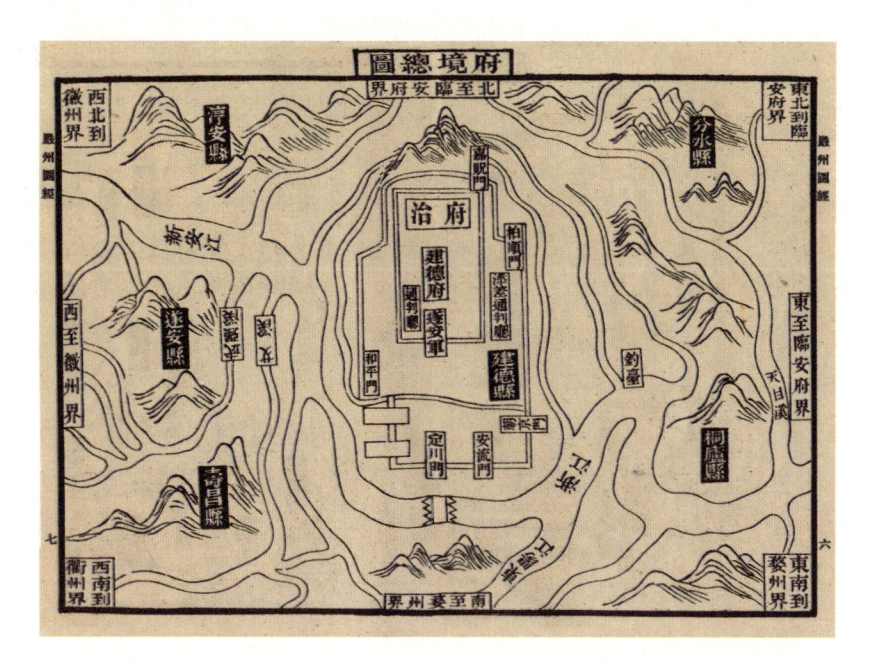

〔宋〕《严州图经·府境总图》

　　现在，睦州又出现了所谓的"真龙之象"。他对睦州可谓是恨得牙痒痒，但法不责众，虽然他贵为天子，也不敢做出屠城这种有违天道的事情。他背不起屠城的千古骂名，只能将所有的账都归于睦州之名。

　　方腊起义被平定后，他再也坐不住了，立即下旨将"睦州"改"严州"。睦州改严州还有另外一个说法，即纪念东汉高士严子陵。虽然睦州改名有两种截然不同的说法，并且均有史载，但睦州改名这件事的确是在方腊起义被平定之后。

　　宋宣和四年（1122），宋徽宗任命周格为严州知州，再三嘱咐周格要对严州严加治理，不能再出现百姓的心归向叛乱一方这样的事情。

　　这天风和日丽，带着宋徽宗殷殷嘱托的周格乘船来到了严州。

周格最近一直在苦苦思索，这上任的第一把火该烧向哪里？

严州府水运历来便捷，处于新安江、富春江与兰江的交汇处，从各个地方驶来的船只都汇聚此处。三江汇流，交通要塞，占据如此重要地位的严州，当然要迅速做好各项战略防御工作。周格来严州的第一天，便这样想到。

为了实地考察，他决定微服私访，来到睦州百姓迎方腊入城的那个城门口。一个身穿白色长袍的男子和一个身穿青色长衫的男子，正在城门口闲聊。周格无意中听到方腊的字眼，便上前一步，想听听他们在说什么。

白衣男子说："当时方腊进睦州城时，就算城内百姓不打开城门，他们也能进得来。"

青衣男子回道："谁说不是呢，睦州城的城门是唐朝就修好的，年久失修，现在的城门根本就是花架子。朝廷也不想着给我们修缮城门，光怪我们迎方腊入城。我们要是不迎他们入城，到时候他们破城门而入，说不定还要搭上几条人命。"

白衣男子长叹一声，小声说道："你声音小一些，在这里议论朝廷，小心被新来的知州关进去。"

周格听到他们的话后，笑了笑，抬头观察起他们所议论的城门来。早在唐中和四年（884）时，大唐盛世已然不在，取而代之的是藩镇割据，征伐不断。当年吴越国武将陈晟在睦州城落脚后，为了更好地抵御外敌，筑城而居。这个原本就为了军事防御而生的睦州城墙，给陈晟换来了十八年的安稳生活。

两百多年过去了，城门依稀可见当年的雄伟壮观，但是军事防御的功能性却大大降低。而且，这守着一方城池的城墙又宽大，方腊攻城的时候，睦州城内的驻守官兵本就不多，凭他那样凌厉的手段，绝对可以找到守军的薄弱之处，再一举攻城。

周格并不像宋徽宗那样，对睦州城百姓当时的举动恨得牙痒痒。站在百姓的角度，他甚至可以理解当时的做法。此时，他作为严州知州，当然不能允许这样的事情再发生，所以他决定将城门加固并且将城墙缩小。

回到府衙后，他立即召开内部会议，将筑城之事提上议程。

昨夜刚下过一场雨的严州城，处处都散发着泥土的清香，早起的人们在城内悠闲地散着步。突然，城门处传来一声巨响，似乎是土石砸地的重击声。百姓们面面相觑，心想是不是又有人来攻城了！

好奇心战胜了恐惧，大家不约而同地跑到了城门口。

城门处，周格正率领民工，将刚刚从城墙上拆下的土石往外搬运。周格原本是要按照唐朝的城墙旧址重新修葺，这样工程量就能小一些。但那天听完两个书生的一番谈话后，他决定将原本的十九里城墙缩为十二里两步（古代一步指左右脚各跨一步的距离，折合五尺）。

于是，轰轰烈烈的筑城工作从拆城开始了。

据说宋徽宗确信严州有巨龙之象的说法，于是传令周格在筑城的时候，将东湖圈在城内，西湖划归城外。这样一来，没了水，任它什么龙也翻不起波浪。此时严州的城墙就像一把利剑，给严州这个巨龙当头一刀，将这所谓的"龙象"破坏殆尽。

严州群山环绕，林多茂密，又是三江交汇之处，地形十分复杂。周格根据地形，因地制宜制定了修建方案——

城墙分为土、石结构。临江一段的城墙垒石而成，不但具有防御功能，还能充当堤坝，既可防御敌船，又可抵御洪水。其他几面均为土墙。

时间一天天过去，周格忙得脚不沾地。他的功夫终于没有白费，在茂密的山林中，一堵堵城墙拔地而起，将严州城围了个结实。

新城墙修好后，开新城门也迫在眉睫。周格结合当地情况，为严州府修筑了八个旱城门与几个水门。

周格看着修建好的城墙，心中有种无以名状的自豪感。他就像给自己的孩子取名一样，深思熟虑，为这八个旱城门分别取了意义深远的名字。

严州城东门取名为望云门，大小南门又称定川门与安流门，大小西门则是安泰门与和平门，北门为嘉贶门，东北门叫百顺门，西南门又叫善利门。城门之上又各有城楼，名字与城门相同。

又因严州临江，所以也有相对应的水门。尽管没有确凿的文字记载，但就《建德府内外城图》来看，当时严州城应有三座水城门，分别位于东北方、西南方与东南方。

作为严州知州，周格对方腊起义时叶居中的反应既痛恨又同情。吸取前任知州的教训，周格将州衙从严州城的西南移到了西北。并且在州衙的门前，建造了严州城楼，在城楼上设置了炮台、箭眼，以作防御之用。州衙的四周兴建了内城墙，相当于子城，为州衙构筑了第二道防线。子城在严州城的正北方向，正门在南，名为遂安军门，而东西两门则以方位命名。北门在州宅偏西，又名暗门。

一来到严州就投入筑城大业的周格，比来的时候瘦了几圈，可他此刻躺在府衙的床上，却睡得无比安心。

元：梅城的首席设计师，李文忠闪亮登场

周格完全没有想到，自己呕心沥血修筑的严州城墙，竟在短短一百年后，就被元军无情地拆除了。

宋德祐二年（1276）二月，元军冲入临安城中，南宋王朝就此陨落。皮之不存，毛将焉附的道理谁都懂，可当这一刻真正来临的时候，还是会让人唏嘘不已。

元世祖忽必烈在征伐南宋的过程中，不但剥夺了无数无辜百姓的性命，还将南宋无数城池的城墙悉数拆毁。升为建德府不到十年的严州府城墙，也在拆除行列。

周格所筑的城墙，历经风雨，仍不失巍峨。即便如此，在元军的眼中，这个担负着宋朝抗击外敌重要任务的城墙，却十分碍眼。他们叫嚣着将周格的心血夷为平地，昔日的城墙只剩下几段土堆。

元至正十八年（1358），建德路（今浙江杭州建德）外，一位二十出头的少年将军，骑着深红色的战马，正

严州府城定川门夜色

悠闲地往建德路内迈进。

这位少年就是朱元璋的外甥李文忠。

十二岁才见到舅舅朱元璋的李文忠，凭借自己的聪明伶俐瞬间俘获了朱元璋的心，从小便被带在他身边教养。天资聪颖的李文忠没有让朱元璋失望，学东西飞快，从小就通晓经义、能诗善歌。长大后，更是能文能武，智勇双全。

此刻要进入建德的李文忠，看起来云淡风轻，一副翩翩佳公子的模样。谁能知道，他刚刚才结束一场血战。

就在不久前，李文忠从徽州进入浙江，与邓愈、胡大海成功会师。经过几天几夜的激烈厮杀，李文忠率部从元朝军队手中夺得建德，升为亲军都指挥，镇守建德。

刚进入建德城，城内的百姓便闻风而来，站在城门两边，夹道欢迎。战无不胜、攻无不克的李文忠，在敌人眼中是索命阎罗，在百姓眼中却是大英雄、真豪杰。

李文忠骑在马上，看到站立在一旁的淳朴善良的老百姓，心中也被丝丝暖意包围。他暗自下定决心，只要自己在建德一天，便要护建德百姓周全。

想要护佑全城百姓，并不是一件容易的事。

没过多久，元将杨完者就率水陆大军前来围攻建德。

他命令陆兵驻扎在乌龙岭，水兵则从下游逆流而上往七里泷进发。建德城没有城墙，城中的百姓都吓坏了，全部躲在自己家里，将大门紧闭。可李文忠听到杨完者前来围攻的消息后并不惊慌，反而听到城中百姓紧闭门户时，蹙紧了眉头。此时，一个念头突然涌上心间：筑城。如果建德拥有铁桶一般的城墙，那么百姓就不会像现在这样仓皇。

只是此时的危急情况容不得他多想，不过这个念头一起，就一直被他放在心上。

乌龙岭山势险要，古木参天，周围全是悬崖峭壁。李文忠趁着夜色率部来到岭上，趁元军不备将他们杀死在梦中。随后，他命令手下的军士将这些元军的首级全部砍下，集中放置在木筏上，让木筏沿江往下漂流。

夜色正浓，往上游进军的元军，此时正处于昏昏欲睡的状态中。远远看见上游飘来一些竹筏，也没太在意。等到竹筏接近的时候，才发现上面密密麻麻的全是带血的人头，就算是经历过大风大浪的元军也被吓破了胆。有胆子大的凑过去看了一眼，才看到这不就是驻守在乌

严州府城门：山下平川处，李文忠建造了半朵梅花城

龙岭的战友吗？一下子，背后涌上一丝凉意。哪里还敢再往上游进军，赶紧调转方向，往下游急行，就怕李文忠追杀而来。

元兵浩浩荡荡的水陆围攻顷刻间土崩瓦解。

建德百姓战战兢兢过了一晚，连囫囵觉都没睡一个。甚至有的人都准备好了逃难的东西，打算城一破，就偷溜出城，沿江而逃。可等到天都大亮了，元军的队伍还没有攻进来，百姓们心生怀疑：怎么没有一点要打仗的迹象？于是他们打开了自家房门。只见门外，一片寂静，只有李文忠的军队不时在城中巡查。这个时候，他们才知道，元军的攻城计划已经被扼杀在摇篮之中。

百姓们自发组织起来，集中在李文忠营地外，为李文忠送来了自家的吃食，以感谢李文忠救命之恩。

李文忠听到部下的禀告后，迅速来到百姓面前，高声道："各位乡亲，我所做的一切都是我的责任，你们不用这样感谢。只要我李文忠在这里一天，就要和你们一起守卫建德。"

这个意气风发的少年，在那个有些清冷的早晨，为建德百姓送去了丝丝暖意。他们被元人压迫太久了，而这个少年郎却让他们看到了生活的希望。

元：思虑良久，李文忠在建德修了一个梅花城

打败了元军后，李文忠筑城的想法并没有消退，反而更加强烈。当时朱元璋还没有立国，建德作为战略要地，重建城墙可不仅仅只有守护一方百姓的作用，更有着长远治国安邦的构想。

认识到修建城墙重要性的李文忠，开始勘察地形。经过无数次的勘察，他心中逐渐有了一幅草图。不仅要将城墙建起来，还要对建德的格局做重大调整。百姓们听说李文忠要开始建城墙，简直是欢欣鼓舞，自发前往工地帮忙。

于是，李文忠率领声势浩大的建城大军开始了历时三年的筑城之旅。

李文忠这次建城，将城墙的长度缩短了四里，让原来的建德城又缩小了许多。他将西北的城墙往东移动了三百多步，正北面向正南方向缩进了八十五步，正东面则拓展了一百六十步。

修筑的时候，除了沿用东侧近碧溪的一段旧城，其他的基本上都是重新修筑。城墙整体为砖石结构，修得十分高大坚固。城池缩小了方圆约一平方公里。虽然城池小了，但在军事防御方面却更加完备。建德的南面临着大江，西南又有西湖这样的天然屏障，自然没有多做考虑。其他几面城墙外也都挖掘了又深又宽的护城河。

城墙范围变小了，城门也跟着变少了。原来的八个旱门，改为五个。饱读诗书的李文忠自然也不能错过命名的机会，他将东门定为兴仁门，南门的定川门则改为澄清门，大西门称和义门，小西门称武定门，北门称拱辰门。

城门顶部依然遵循旧制，在顶部覆盖城楼，建筑瓮城（一种防御措施）保护城门。北门拱辰门因为靠着大山，并未设置瓮城。

同时，修筑了四个水门，位置和宋时大致相同。一扇在拱辰门西侧，一扇位于建安山与秀山之间，一扇修在兴仁门的左侧，最后一扇则在和义门旁，又通往西湖。

值得一提的是，李文忠在修建城墙城垛的时候，是按照梅花形建造的。梅花在当时的地位十分高，只有京城的城墙才可以修建成梅花状。可是李文忠年纪轻轻便战功赫赫，又是皇亲国戚，年少轻狂建成梅花形状也未尝不可。

不过，李文忠可能也觉得自己过于张扬，最后城垛并没有修建成一整朵梅花，而是半朵。有点遗憾的半朵梅花，却成就了"半朵梅花城"的美誉。

旧时严州府一直流传着一句民谚："天下梅花两朵半：北京一朵，南京一朵，严州半朵。"

到这里，新建德已经在李文忠的手里竣工。一座崭新的城池拔地而起，东有碧溪作为天然护城河，南有新安江作城濠，北靠乌龙山，西依建昌与屯军等山峰。再加上那些深而宽的战壕，李文忠终于兑现了自己的承诺，即使自己离开了建德，这座易守难攻的新城池也会代替他守卫建德百姓。

李文忠建城还有一个至今都无法解释的谜团——那就是南面究竟是一道门还是两面门。有人说，李文忠建城的时候，南面当时修了两道门，有清康熙年间编修的《建德县志》为证。《建德县志》中有一幅"建德县附郭图"，里面清楚地标明，在建德城的南面有两座城门，但小南门的洞口却画了横条线。说明，当时建城的时候确有此门，不知道因何被关闭。

清道光五年（1825），严州知府的职责落在聂镐敏的肩上。他翻阅古籍，又进行了实地勘察，终于发现了另外一个小南门的蛛丝马迹。这才重新开始修筑，取名福运门，依然在城门上建起了城墙。昔日李文忠修筑的建德城终于完整地出现在了世人面前。

城墙建好那天，李文忠站在澄清门的城楼上，望着秀美的三江口，感慨万千。回想起修筑城墙的这段时间，忙碌而充实。这段岁月是他人生阅历中不曾有过的新奇体验，是平常行军打仗所带来的成就感无法比拟的。

城中的百姓闻讯也来参加城墙的竣工仪式，他们的内心被喜悦涨得满满当当的：这下终于不用提心吊胆了。

崭新的城门在阳光的照射下散发着夺目的光彩，百姓们忍不住用手一遍遍地去摸，动作轻柔得仿佛在触摸自己刚出世的孩子。过去那段战火纷飞、颠沛流离的岁月一下子涌入脑海，如今的幸福在对比中也变得更加鲜明。

斗转星移，建德已经更名为严州府。此后百年，城垣虽屡屡修缮，倒没有太大变化。

直到 1916 年。据县志记载，当时的建德县知事夏曰璈，认为城墙经历了百年风雨，已经完全丧失了功能，县里也没有多余的银钱用来修缮城墙，还不如拆掉省事。梅城百姓自然不答应，这个城墙保梅城百姓百年平安，如今有难，梅城人自然也要护它周全。

于是，梅城百姓自发进行筹款，竭尽所能，终于还是保住了临江的澄清、福运二楼。但和义、武定、拱辰、兴仁四座楼，却没能幸免，被暴力拆毁。

如今，刚一进入梅城，首先映入眼帘的就是屹立千年的巍巍城墙，原来城墙上的两层阁楼已经不见踪影，只有南门临江部分保留下来。与它正对的马头墙、青石路、木雕栏以及粉墙黛瓦，共同诉说着梅城的千年风韵。一块块砖石累积起来的城墙，凝结了无数前人的智慧和心血，它将永久地伫立在那里，和梅城人民一起创造更加辉煌的未来。

参考文献：

陈公亮：《严州图经》，成文出版社有限公司，1983年。
朱睦卿：《严州府城梅城》，方志出版社，2018年。

丛书编辑部

艾晓静　包可汗　安蓉泉　李方存　杨　流
杨海燕　肖华燕　吴云倩　何晓原　张美虎
陈　波　陈炯磊　尚佐文　周小忠　胡征宇
姜青青　钱登科　郭泰鸿　陶文杰　潘韶京
（按姓氏笔画排序）

特别鸣谢

仲向平　方龙龙　盛久远（系列专家组）
魏皓奔　赵一新　孙玉卿（综合专家组）
夏　烈　郑　绩（文艺评论家审读组）

图片作者

王建青　卢晓明　张　煜　张国栋　胡　鉴
姜青青　韩　盛　程方程晓　蔺富仙
（按姓氏笔画排序）